Kindler
Taschenbücher

Geist und Psyche

Das ist die Oberstufe des Autogenen Trainings

Von Dr. med. Karl Robert Rosa
Psychotherapeut, Facharzt für Neurologie
und Psychiatrie
Mitglied der Deutschen und Österreichischen
Gesellschaft für ärztliche Hypnose
und Autogenes Training e. V.

Kindler
Taschenbücher

GEIST UND PSYCHE
Herausgegeben von Nina Kindler

2. Auflage 1977

Redaktion: M. Kluge
Korrekturen: H. Bernard
Gesamtherstellung: Friedrich Pustet, Regensburg
Printed in Germany
ISBN 3 463 00610 3

Inhalt

Vorwort

Die gute Aufnahme und weite Verbreitung, die mein Buch *Das ist Autogenes Training* gefunden hat, ermutigt mich, das reichhaltige Material aus vielen Jahren praktischer Erfahrung mit der Oberstufe des Autogenen Trainings in einer geschlossenen Darstellung vorzulegen. Ich gehe aus von den entsprechenden Kapiteln in den Werken von J. H. Schultz und W. Luthe. Das Kapitel »Oberstufe« in meinem ersten Buch erfährt dabei die notwendige Erweiterung und Vertiefung, jedoch liegt der Schwerpunkt der vorliegenden Arbeit in der Konzeption der Oberstufe, wie sie mir als tiefenpsychologisch fundierte, nicht-direktiv vermittelte und also wesentlich analytisch gehandhabte Therapie unentbehrlich geworden ist.

Mehr als das Standardtraining nach J. H. Schultz (die sogenannte Unterstufe) stellt die Oberstufe des Autogenen Trainings den Anspruch an Trainer und Trainierende, als ärztliche Therapie ernstgenommen zu werden. Die Einteilung des Autogenen Trainings in Unter- und Oberstufe schränkt deren Anwendung bei Gesunden natürlich nicht ein, im Gegenteil: Das AT hat in seiner fast sechzigjährigen Geschichte eine bewährte Vorrangstellung in der vorbeugenden Gesundheitspflege. Daß das Autogene Training trotz seiner weiten Verbreitung in der ganzen Welt noch immer auf seine volle Integration in die Medizin wartet, ist nicht mehr das Problem dieser Behandlungsmethode, sondern eine noch anzupackende Aufgabe der Ärzte.

Nicht ohne berechtigtes Zögern habe ich mich der Arbeit unterzogen, die subtile Behandlungstechnik und -methode ärztlich-psychotherapeutischer Menschenführung mit Hilfe der Oberstufe des Autogenen Trainings in einer Darstellung zu veröffentlichen, die ich als Informationsbuch und nicht als

Lehrbuch verstehe. Die numerische Diskrepanz von Anwendungsmöglichkeiten und brachliegenden Indikationen des AT einerseits im Verhältnis zu der unzureichenden Zahl wirklich gut ausgebildeter Therapeuten andererseits, besonders hinsichtlich der Oberstufe, könnte in der breiten Öffentlichkeit Hoffnungen wecken, die nicht erfüllbar erscheinen. Sie sind erfüllbar, wenn das Gros bestimmter Facharztrichtungen sich gründlich im Autogenen Training ausbildet und seine therapeutischen Möglichkeiten ergreift. Nicht nur die Ärzte für Allgemeinmedizin, die Internisten und Nervenärzte, sondern auch Ärzte anderer Fachrichtungen, eigentlich jeder Arzt, stehen dem Kranken als einem Menschen gegenüber, dem zuzuhören, auf den persönlich einzugehen erste Voraussetzung für ärztliches Handeln ist. Auf dieser Basis würde sich mancher Arzt sicherer fühlen, wenn er selbst Meisterschaft im Autogenen Training besäße. Wie von selbst käme er darauf, bei bestimmten Leiden nicht mehr nach dem Rezeptblock zu greifen, sondern Autogenes Training therapeutisch einzusetzen. Manchen psychoanalytischen Kollegen möchte man auch wünschen, daß sie sich von dem Vorurteil befreien, Autogenes Training sei eine psychotherapeutische »Hilfsmethode«.

Wenn ich meinen ärztlichen und namentlich den psychotherapeutischen Kollegen so ins Gewissen rede, versteht jeder Leser deutlich, daß ich nochmals und endgültig vor dem Versuch warne, das AT – ganz besonders die Oberstufe – im Selbstunterricht, womöglich gar aus diesem Buche, zu lernen. Auch Nichtärzte vermitteln das AT, und kein Gesetz kann ihnen das verbieten. Sie müssen nur wissen, daß sie eine Methode der Therapie und kein Fitnesstraining vermitteln, womit alle Verantwortungen geklärt sind.

Das Vorwort nimmt traditionellerweise Dankadressen auf. Diesem Brauch will ich nicht absagen, weil es mir als allzeit Lernendem ein echtes Bedürfnis ist, meinen Lesern, meinen Schülern und meinen Patienten für jede Form von Resonanz zu danken, die ich aufmerksam gelesen und gehört habe.

Dem Kindler Verlag danke ich, daß er sich abermals ohne Vorbehalte für mein Werk entschieden hat. Der Redaktion »Geist und Psyche« danke ich für gute Zusammenarbeit.

Ich widme dieses Buch meiner Frau und Kollegin Dr. Lotte Rosa-Wolff, die selbst große Erfahrung in der Oberstufe des Autogenen Trainings hat. Ihre Mitwirkung an dieser Darstellung hatte schon begonnen, als eine Veröffentlichung noch gar nicht in Betracht gezogen wurde. Ihr Beitrag wird nicht an einzelnen Stellen deutlich, gibt aber dem Ganzen seine nur mir erkennbare Färbung.

Heidelberg, Dezember 1974 *Karl Robert Rosa*

Was ist »Oberstufe«?

Oberstufe, der Name sagt es, ist eine Stufe oberhalb einer anderen Stufe. Der Gymnasialunterricht wird bekanntlich in Unter-, Mittel- und Oberstufe eingeteilt. Eine an Bedeutung weiter zunehmende psychotherapeutische Technik, das »Katathyme Bilderleben« nach Leuner*, wird ebenfalls in Unter-, Mittel- und Oberstufe erlernt und therapeutisch vermittelt. Beim Autogenen Training sprechen wir allgemein von Unter- und Oberstufe. Solche Stufeneinteilungen legen aus Erfahrung den Gedanken nahe, daß es sich um die Aufeinanderfolge von Anfänger- und Fortgeschrittenenkursen handelt, und daß in den Oberstufen grundsätzlich der gleiche Lernstoff vertieft, erweitert und auf höherem Niveau angeboten wird. Mit Anschauungen dieser Art sind dann meist Wertvorstellungen verbunden. Oberstufe gilt als besser, an einem Oberstufenkurs teilzunehmen ist erstrebenswert. Wer will schon Anfänger bleiben?

Für das Autogene Training, wenn es an seinem Begründer orientiert bleibt und ordentlich gelehrt und geübt wird, treffen die Unterscheidungen von Anfänger-Training und Fortgeschrittenen-Training überhaupt nicht zu. Die mißverständlichen Bezeichnungen Unterstufe und Oberstufe sind geschichtlich bedingt. J. H. Schultz selbst hat sehr früh die Entdeckung gemacht, daß »in gut dargestellter autogener Versenkung« optische und andere Erscheinungen »vor dem geistigen Auge erscheinen« können, und er hat als Ansatz für diese weiterführende Arbeit im Autogenen Training die Aufgabe gestellt, »in tiefgetriebener Versenkung« eine gleichförmige Farbe produzieren zu lassen.

---

* Leuner, H.: *Katathymes Bilderleben*, Thieme Verlag, Stuttgart 1970.

Über diese und andere Möglichkeiten der »Innenschau«, wie solche optischen Erlebnisse im Autogenen Training seither genannt wurden, hat J. H. Schultz erstmals vor dem IV. Allgemeinen ärztlichen Kongreß für Psychotherapie in Bad Nauheim im April 1929 berichtet. Der Titel des Vortrags *Gehobene Aufgabenstufen im Autogenen Training* bahnte für die spätere Bezeichnung »Oberstufe« den Weg. Wie es scheint, wurden die Begriffe »Oberstufe« und »Unterstufe« ursprünglich und lange Zeit nur zur Verständigung benutzt, während in Veröffentlichungen einfach vom Autogenen Training gesprochen wird und dabei in der Regel das gemeint ist, was wir in der genaueren Unterscheidung die Unterstufe nennen.

Es wäre indessen ein Fehlschluß, anzunehmen, daß das Kind gewissermaßen versehentlich einen falschen Namen bekommen hätte. Dem Begründer des Autogenen Trainings* war es sehr wichtig, die Ergebnisse des Autogenen Trainings als Leistungen, als Experimentalantworten geringeren und höheren Grades auszuweisen. So zeigt er dann in seinem Lehrbuch* den Werdegang seiner Methode und beschreibt, wie er in dem Jahrzehnt von 1920 bis 1930 an rund 1500 »durchschnittlichen Versuchspersonen« (darunter über 400 Ärzten), die er alle persönlich angelernt hat, bevor er sie selbständig weiterarbeiten ließ, dieses Autogene Training erprobt und standardisiert hat. Wenn er mit immensem Gelehrtenfleiß auf dem weiten Feld der Psychologie der damaligen Zeit Belege für seine Funde zusammensuchte und fand, so handelte er folgerichtig als Begründer mit dem Auftrag, seiner Methode den wissenschaftlichen Grundlagennachweis zu sichern. Selbst leistungsbetont, mußte es ihn faszinieren, »Ergebnisse« zu notieren und sich um Leistungshorizonte zu kümmern. Deshalb kehren Bezeichnungen wie diese so oft wieder: »gehobene Leistungen physiologischer Art«, »Benutzung des beson-

---

* J. H. Schultz wird in diesem Buch, falls nicht anders vermerkt, ausschließlich nach der 13. Auflage seines Lehrbuchs *Das Autogene Training*, Thieme Verlag, Stuttgart 1970, zitiert. Diese bearbeitete und ergänzte Auflage ist noch von ihm selbst durchgesehen worden und erschien in seinem Todesjahr. Außer dieser Auflage wurden von mir noch die 7. und die 10. Auflage benutzt.

deren seelischen Zustandes«, »der psychologische Typus der Versuchsperson«, »durchschnittlich intelligente Versuchspersonen«. Bezeichnend für die Ausgangsstellung von J. H. Schultz ist vielleicht dieses Zitat aus seinem Lehrbuch: »Als ersten Schritt zur gehobenen Stufe des Trainings veranlassen wir unsere Versuchspersonen, durch willkürliche Innervation beide Augäpfel nach innenoben zu drehen, ›nach der Stirnmitte zu sehen‹. Dies Verfahren ist bekanntlich uralter Bestandteil aller Versenkungs- und Hypnotisierungstraditionen.« (S. 229)

Es war auch J. H. Schultz selbst, der die nahe Beziehung der Oberstufe zum Unbewußten im Menschen feststellte. Die Farberlebnisse der Oberstufe sah er in Analogie zu optischen Erscheinungen des Nachttraums. An anderer Stelle nennt er das Unbewußte, setzt es aber in Anführungszeichen. ». . . So können wir die Technik benutzen, um entweder vom Versuchsleiter her oder von der Versuchsperson selbst fragende Einstellungen an die Versenkung heranzunehmen und beobachten zu lassen, welche Innenerlebnisse gewissermaßen als ›Antworten aus dem Unbewußten‹ auftreten.« Michael Balint hat sehr viel später[*] den klassisch gewordenen Satz ausgesprochen: »Wer fragt, bekommt Antworten – sonst nichts.« Auch das Unbewußte läßt sich ohne Zweifel befragen, denn viele erprobten suggestiven und kathartischen Methoden arbeiten mit einer solchen Technik. Aber das Unbewußte spricht vor allem spontan aus sich selbst, wie wir seit Freud wissen. Das Unbewußte ist das »momentan« nicht Bewußte (Freud). Dieses ins Bewußtsein zu heben, ist u. a. eine analytische Aufgabe. Es hat seinerzeit nicht lange gedauert, bis aus dem Unbewußten für viele in (unbewußter Abwehr der lästigen Einsicht, daß der Mensch seiner selbst nicht in allem bewußt ist) das Unterbewußte wurde.

Das Unbewußte spricht sich spontan aus im Nachttraum, in den freien Einfällen, deren Unlogik uns oft ärgert oder verwirrt,

[*] Balint, M.: »Psychotherapie durch den praktischen Arzt«, Vorlesung vor der Universität Heidelberg am 29. 5. 1956 anläßlich der Sigmund-Freud-Gedächtnis-Vorlesungen zu seinem 100. Geburtstag. Abgedruckt in *Freud in der Gegenwart*, Europäische Verlagsanstalt, Frankfurt 1957.

in den sogenannten Fehlleistungen und – das soll in diesem Buch ausführlich behandelt werden – in der Oberstufe des Autogenen Trainings.

Auf diesem Wege meiner Darstellung gilt es ein Hindernis zu überwinden. Es ist eine Paradoxie, »in tief getriebener Versenkung« (J. H. Schultz) Aufgaben von gestuftem Schwierigkeitsgrad zu stellen. Das Denkmodell der gehobenen Aufgabenstufen und die Erkenntnis, daß das Oberstufenmaterial dem Bereich des Unbewußten angehört, geraten in einen störenden Bildsprung, etwa wie bei einer fehlzentrierten Bifokalbrille: Entweder richtet sich die Technik auf eine leistungsorientierte, teils explorative, teils gemischt auto- und heterosuggestive Behandlung in Stufenfolgen, oder sie richtet sich auf das Hinsehen, Hinhören und Kommenlassen ein, um spontane Aussagen des Unbewußten zu erhalten. Mein Anliegen ist es, gestützt auf meine Erfahrungen, das Stufenmodell der Oberstufe zu überwinden und dafür ein Denkmodell anzubieten, das als praktische Arbeitsgrundlage geeignet ist, ohne Stufenfolgen die ganze Bandbreite des Sichtbaren, anderweitig sinnlich Wahrnehmbaren und damit naiv Erlebbaren in der Oberstufe herzustellen.

Dieses Verständnis der Oberstufe orientiert sich auch an einer überprüften und mit J. H. Schultz streng definierten Unterstufe, sowie an dem Verhältnis der beiden »Stufen« im Autogenen Training zueinander.

Die Unterstufe ist, soweit man in der jahrzehntelangen Methodengeschichte sehen kann, wohl *die* systematische und verläßlich standardisierte Autohypnose mit weltweit überprüfter Zuverlässigkeit in den Ergebnissen bei methodisch gleichbleibender Anwendung. Sie ist seit über fünfzig Jahren in Gebrauch und somit ein bewährter Veteran in den medizinischen Künsten, unter denen im gleichen Zeitraum viele auf der Strecke geblieben sind oder verbesserten Methoden weichen mußten. Als therapeutisches Verfahren, das in sich wandelbar, lebendig und erweiterungsfähig ist, konnte und kann es dem ihm innewohnenden theoretischen Ansatz treu bleiben und erweist sich darin allen

Mißbräuchen, besonders in neuerer Zeit, und allen überflüssigen Modifikationen gegenüber als unangreifbar. Die Unterstufe ist in ihrem übersichtlichen und klaren Aufbau ein geschlossenes System. Das bedeutet vor allem in therapeutischer Hinsicht, daß bei strenger Indikation und exakter Durchführung die AT-Unterstufe allein eine auch vorausberechenbare Wirkung hat, die zunächst keine Kombinationen mit anderen Verfahren und therapeutischen Techniken erfordert. Erst jenseits eines großen Wirkungsbereichs solcher berechtigter Monotherapie mit dem Autogenen Training sind Kombinationen lohnend und erweitern die Indikation zugleich mit den therapeutischen Erfolgen. Es darf hier angemerkt werden, daß die Kombination Unterstufe/ Oberstufe sinngemäß dazugehört.

Die Unterstufe hat als standardisierte Selbsthypnose das weithin bekannte feste Gerüst erprobter Formeln, deren innerliches Vorsprechen den eigentlichen suggestiven Anteil an dem Verfahren ausmacht. Im Gegenteil zu anderen, längst wieder vergessenen autosuggestiven Methoden wird das innere Vorsprechen mitunter sehr bald, bei ordentlicher Aneignung des AT in *jedem Fall* überflüssig, weil der Organismus sich in die Umschaltung hineinfindet, nachdem ihm per Formel das Vermögen hierfür aufgedeckt worden ist. Da im AT keine personfremden, unorganischen oder gar lebenswidrigen Aufgaben gestellt werden, sondern der Organismus auf seine ursprünglichen Funktionen in ihrer Natürlichkeit zurückgelenkt wird, bahnt sich im AT der weitere Verlauf auch spontan an. Der Schüler »bringt« Ergebnisse, die oftmals noch nicht »dran waren«. Alle sechs Formeln der Unterstufe aufgrund des Standard-Trainings nach W. Luthe bewirken, nachdem sie im Lernprozeß nacheinander eingestellt worden sind, in einem Miteinander ein größeres Ganzes, das mehr ist als die Summe seiner Teile, nämlich der einzelnen, für sich nicht absoluten Formeln. Dieses größere Ganze hat J. H. Schultz die »Organismische Umschaltung« genannt. Auf diese hin wird das Autogene Training unterrichtet oder als Therapie angewandt. Ein Training, das aus unvorhergesehenen Gründen fragmentarisch bleibt, kann gleichwohl für den Betroffenen teilweise sehr gute Wirkungen haben. Ein Training freilich, das die Formeln der Unterstufe wie selbständige Eigenübungen pflegt und mit gezielter Absicht die organismische Umschaltung nicht herbeiführt, sollte nicht Autogenes Training nach Schultz genannt werden.

Erst ein Trainingsergebnis im gesicherten Besitz und regelmäßig wiederherstellbarer Organismischer Umschaltung, die die eigentliche Autohypnose markiert, ist aufnahmefähig für weitere Formeln, die unter dem Namen »Formelhafte Vorsätze« bekannt sind. Darunter sind Formeln zu verstehen, die mit dem Patienten oder Übenden gemeinsam erarbeitet und auf seine Bedürfnisse oder sein Leiden ausgerichtet sind. Sie stellen im Autogenen Training das dar, was in der Hypnose der sogenannte »posthypnotische Auftrag« oder »posthypnotische Befehl« ist. Hypnose und Autohypnose stellen Prägematern dar, in die hinein Einsichten, Absichten, Vorsätze eingebettet oder eingegraben werden, weil im Zustand der Hypnose oder der Selbsthypnose des Autogenen Trainings das Bewußtsein gesenkt und eingeengt ist. Die Senkung des Bewußtseins ist Herabsetzung der Wahrnehmungsschwelle für Reize von außen und für Tätigkeiten des rational arbeitenden Gehirns. Folgerichtige Denkprozesse werden angehalten, Einflüsse von außen abgefiltert. Schultz nannte das »Resonanzdämpfung«. Wir reagieren also kaum noch oder sehr wenig auf Außenreize. Die Einengung des Bewußtseins bezieht sich mehr auf das Inhaltliche unseres wachen Interesses. Wir haben im Autogenen Training unser Augenmerk auf die Vorgänge in unserem Organismus gelenkt und erhalten von daher genug an Echo, um damit beschäftigt zu bleiben, in einer Gesamtstimmung von Wohlbefinden übrigens, das von vielen als das eigentliche Ziel des Autogenen Trainings angesehen wird. In diesem Zustand des abgesenkten, eingeengten, aber für den jetzt in Betracht kommenden Sektor unserer Wahrnehmungen umso wacheren Bewußtseins, angewärmt durch gutes Wohlbefinden, sind wir empfänglich für formelhaft vorgestellte Inhalte, deren

Wirkung in der Folgezeit offenbar wird, jedenfalls anders, als wenn uns der gleiche Inhalt eben nur gesagt worden wäre oder wir ihn uns willentlich, energisch »vorgenommen« hätten.

Diese hier nur summarisch wiederholten Grundtatsachen der Unterstufe des Autogenen Trainings mit Organismischer Umschaltung und mit formelhaften Vorsätzen als gerundetem Ganzen bilden die notwendigen Voraussetzungen dafür, den Standort der Oberstufe zu bestimmen.

Unsere erste Überlegung heißt: Nur wenn die Unterstufe in der soeben aufgezeigten Vollständigkeit aufgebaut ist, kann auf sie die Oberstufe folgen, sie muß aber nicht. Unterstufe für sich (mit Organismischer Umschaltung und formelhaften Vorsätzen) kann für sich allein bestehen, sie reicht auch in den meisten Fällen aus, die vorgestellten therapeutischen Ziele zu erreichen. Die wichtige Folgerung heißt: Unterstufe benötigt nicht, um ihrer eigenen Vervollständigung willen, als Therapeutikum die Fortsetzung in der Oberstufe. Unterstufe plus Oberstufe ist, therapeutisch betrachtet, ein kombiniertes Verfahren. Unterstufe ist, um es nachdrücklich zu betonen, kein Verfahren für Anfänger, die eine aufbauende Fortsetzung nötig hätten. Noch anders ausgedrückt: Unterstufe ist, im Hinblick auf ein vorgestelltes Größeres, kein Stückwerk, kein Steckenbleiben in Anfängen.

Unsere zweite Überlegung heißt: Die Oberstufe bedarf zu ihrer Herstellung und schon zu ihrer Vorbereitung der Unterstufe. Diese hat einen abgerundeten, in sich geschlossenen Eigenwert, besitzt aber auch die Fähigkeit, die Oberstufe vorbereitend möglich zu machen. Die Ausgangslage für die Oberstufe wäre demnach folgende: Eine Person, die dafür motiviert ist, sich mit Aussagen des eigenen Unbewußten zu konfrontieren – außerhalb des Nachtschlafs mit seinen Träumen und außerhalb einer regelrechten psycho-analytischen Sitzung –, kann diese aufnahmebereite Beziehung zum eigenen Unbewußten mit der besonderen Technik der Oberstufe herstellen, wenn zuvor das Bewußtsein eingeengt und abgesenkt worden ist. Diese Bewußtseinsreduktion gelingt nach erprobter Weise mit Hilfe der Unterstufe des Autogenen Trainings.

Die logische Folgerung aus unserer zweiten Überlegung heißt demnach: Keine Oberstufe ohne vorherige Einengung des Bewußtseins auf den Dialog mit sich selbst. Der Satz »Keine Oberstufe ohne Unterstufe« hat nur insoweit Gültigkeit, als die aktuell aufgebaute Unterstufe die Bedingungen der Bewußtseinsreduktion in Höhe und Breite erfüllt. Offen bleibt, ob nicht andere Verfahren geeignet sind, eine solche Fokussierung des Bewußtseins zur Vorbereitung für die Oberstufe ebenfalls zu leisten. Ansätze dafür zeichnen sich ab*.

Oberstufe auf der Basis der Unterstufe: Bleiben wir zunächst noch in dieser Schematisierung, nachdem die wechselseitigen Bedingungen soweit geklärt sind, daß ein bloßes »Unter« und »Ober« mit den dazugehörigen Leistungs- und Wertvorstellungen beiseite gelegt sind.

Als weitere Vorarbeit für das Verständnis der Oberstufe muß nunmehr ausgeführt werden, was die Oberstufe mit dem Nachttraum einerseits und mit dem Tagtraum andererseits verbindet, was sie aber auch von beiden trennt.

Die Bedingung des Nachttraumes ist der Schlaf. Je nach Schlaftiefe werden stark abgeschwächte, bewußt nicht mehr registrierte Sinneseindrücke aus der Außenwelt (akustische, temperaturbedingte, Tastempfindungen usw.) sowie Signale aus dem eigenen Körper mit frei aufsteigenden Assoziationen aus dem Unbewußten verwoben. Diese von Freud so bezeichnete Traumarbeit liefert dem Schläfer nach dem Erwachen den sogenannten *manifesten* Trauminhalt, falls nicht alles – sogar die Tatsache, daß ein Traum stattfand – der Verdrängung, d. h. dem Vergessen anheimfällt. Sache der analytischen Assoziationsarbeit und der Deutungen ist es, den hinter der Traumerzählung liegenden *latenten* Trauminhalt herauszuarbeiten und bewußt zu machen. Ganz anders verhält es sich mit dem Tagtraum. In dem regressi-

---

* Rosa, K. R.: »Funktionelle Entspannung«, in: *Praxis der Psychotherapie*, Bd. XIX, H. 2, S. 49-56 (1974).

18

ven Bedürfnis, sich unliebsamen aktuellen oder immer wiederkehrenden Tatsachen zu entziehen, die Realität zu leugnen und sie in frei fantasierter Weise zu korrigieren, was immer mit einer Aufwertung der eigenen Person geschieht, zieht sich der Tagträumer *auf* sich selbst zurück, nicht *in* sich selbst, weil dieses in sich gesuchte Ich ja an der Realitätsüberprüfung teilnehmen müßte. Der Tagträumer leistet sich einen Bärendienst, denn je weiter ihn die Flügel seiner Fantasie tragen und je höher der Ideenflug geht, desto härter ist der Aufschlag auf dem Boden der Tatsachen. Jeder Mensch hat die Fähigkeit zum Tagträumen, sie wird unterschiedlich intensiv gepflegt. Ohne Kontrolle ist der Tagtraum für die Verarbeitung unbewältigter Probleme wertlos, manchmal sogar schädlich. Eine kontrollierte, therapeutisch ausgefeilte Tagtraumtechnik ist das schon erwähnte Katathyme Bilderleben von Leuner.

Mit dem Nachttraum gemeinsam hat die Oberstufe, daß die Inhalte ungerufen aus dem Unbewußten aufsteigen, genauer: in der Oberstufe ungerufen kommen können, wenn eine darauf gerichtete Technik das zuläßt. Gemeinsam ist also die Herkunft des vorwiegend optischen Materials aus unbewußten Schichten der Persönlichkeit, bezogen auf eigenpersönliche, lebensgeschichtliche und tagesaktuelle Besonderheiten eben dieser Persönlichkeit. Selbst der Symbolgehalt der im Nachttraum und in der Oberstufe sichtbar werdenden Gestaltungen kann nicht losgelöst von der individuellen Aussage gesehen und gedeutet werden, die ein Sprechen aus sich heraus, von sich und mit sich selbst ist. Zwar kann man nicht absichtlich träumen, aber die Bereitschaft, die Träume zu behalten, kann in dem Maße gesteigert werden, wie Verdrängungsmechanismen sich abschwächen. Während jeder Psychoanalyse nimmt die effektive Traumproduktion zu; der Mensch ist fähig, das Träumen zu lernen oder, was wohl auf das gleiche hinausläuft, seine Motivation für das Träumen zu verbessern. Hier wird die nahe Beziehung der Oberstufe zum Nachttraum besonders deutlich, wenn wir beachten, daß die ständige Motivationshilfe und -verbesserung für das Träumen und Bildern in der Oberstufe in der jeweiligen Selbstdeterminierung für diese Arbeit und im Herstellen des gewohnten äußeren Arrangements besteht.

Ein wesentlicher Unterschied zwischen Oberstufe und Nachttraum liegt in der Steuerbarkeit des Traumgeschehens, die wir nur in der Oberstufe feststellen können, wenn wir davon absehen, daß die Lust des Träumers, sich nach dem Erwachen wieder schlafen zu legen und weiterzuträumen, als Ausnahme die prinzipielle Nichtsteuerbarkeit des Nachttraumes nur unterstreicht. In der Oberstufe kann man sich beispielsweise thematisch ausrichten, kann ein Problem, eine Frage aufgreifen, kann vor allem zur Wiederaufnahme und Fortsetzung dieser Technik in die Unterstufe zurückgehen und das Hypnoid verstärken – alles Mitwirkungen des Bewußtseins, das ja nur auf das eigene Selbst eingeengt und auf die Stufe völliger Resonanzdämpfung nach draußen gesenkt ist, nicht aber so weitgehend ausgeschaltet ist wie im Schlaf.

Mit dem Tagtraum in seiner unkontrollierten, spontan-regressiven Form hat die Oberstufe nichts gemeinsam. Seine ausschweifende Fantasie sucht sich ihre Bildinhalte, verweilt darin, gestaltet sie beliebig und gebunden-assoziativ aus, ganz im Dienste der infantilen Lustsuche. Wenn der Tagtraum kurzlebige Ersatzbefriedigungen schafft, so öffnet die Oberstufe dem Bewußtsein neue Fenster. Der Tagträumer sieht, was er sehen wollte, weil es angenehmer ist als das, was er alltäglich sehen muß. Die Oberstufe zeigt meist unvermittelt das bislang Ungeschaute, Unerhörte, Unerwartete und fordert zur Auseinandersetzung damit auf. Im Tagtraum erfüllen sich mühelos Wünsche, in der Oberstufe werden uns Rätsel aufgegeben, denn ihre Inhalte sind verschlüsselt wie im Nachttraum. Die Oberstufe bedarf wie der Nachttraum der Entzifferung ihrer Aussagen. In der nachträglichen assoziativen Beschäftigung mit beiden kommt es für den Betroffenen nicht selten zu den sogenannten »Aha«-Erlebnissen, die wir in der ungesteuerten Tagträumerei vergeblich suchen. Das Verhältnis der Oberstufe zum Tagtraum ist kontrovers, zum Nachttraum besteht indessen ein weitreichendes Analogieverhältnis.

Die Oberstufe des Autogenen Trainings bietet die Möglichkeit, Aussagen des Unbewußten mit einer methodischen und fortlaufenden Arbeit zu gewinnen. Wenn man sich mit solcher Materialförderung begnügen wollte, wäre das Verfahren bereits tiefenpsychologisch fundiert, und es könnte als diagnostische Technik neben gewisse Mal- und andere Gestaltungstechniken gestellt werden, ganz besonders natürlich neben die tiefenpsychologisch fundierten Persönlichkeits- oder Projektionstests. Als Behandlungsmethode kann die Oberstufe in einer Reihe gesehen werden mit allen tiefenpsychologischen Therapien, die sich der Äußerungen des Unbewußten annehmen – gleichgültig, wie sie gewonnen wurden – und sie mit den drei klassischen Schritten der analytischen Technik bearbeiten: Erinnern, Wiederholen, Durcharbeiten.

Die Darstellung der Oberstufe
bei J. H. Schultz

Der Begründer des Autogenen Trainings widmete in seinem Hauptwerk *Das autogene Training. Konzentrative Selbstentspannung. Versuch einer klinisch-praktischen Darstellung* relativ wenig Raum der Beschreibung und Erklärung der Oberstufe. Die 13. Auflage 1970 bringt bei einem Gesamtumfang von rund 400 Seiten (ohne Register) ein Kapitel von 32 Seiten, betitelt: »Technik und Leistungen der Oberstufe«. Ausführliche Fallbeispiele illustrieren das Verfahren ganz außerordentlich, engen dabei aber die Darstellung in methodisch-didaktischer Hinsicht ein. Nicht anders, möglicherweise ungünstiger, ist das Verhältnis derjenigen Arbeiten im Gesamtwerk von J. H. Schultz auf dem Gebiet des AT, die sich mit Oberstufenfragen beschäftigen. In der von D. Langen herausgegebenen Sammlung* findet sich für den Zeitraum 1927–1964 unter den Arbeiten von J. H. Schultz keine, die den Begriff »Oberstufe« im Titel führt. Unter Nr. 151 dieser Bibliographie deutschsprachiger Arbeiten (auch von anderen Autoren) findet sich der Titel: »Zur medizinischen Psychologie autogener Bilderschau« (*Acta psychother.* 9, 1961, S. 111–116). J. H. Schultz publiziert darin interessante psychologische Aspekte der Oberstufe im gleichen Rahmen, den er schon in seinem Hauptwerk gezogen hatte.

Wie ist es zu erklären, daß die Oberstufe des Autogenen Trainings, bereits 1929 unter der Bezeichnung »gehobene Aufgabenstufen« eingeführt, immer als etwas Höheres, im Anspruch Qualifizierteres deklariert, als »Oberstufe unserer Technik« und »gehobene Stufe des Trainings« im Lehrbuch definiert, einen so bescheidenen Raum im Gesamtwerk einnimmt? Wollte vielleicht

---

* Langen, D. (Hrg.): *Der Weg des Autogenen Trainings*, Wissenschaftliche Buchgesellschaft, Darmstadt 1968.

J. H. Schultz nie recht an die Oberstufe herangehen, ungeachtet der Tatsache, daß er sie selbst geschaffen und ihr grundlegende Forschungsbeiträge gewidmet hatte? Im Geleitwort zu einem Werk von Thomas* schreibt Schultz 1967 den dunklen Satz: »So werden zahlreiche Probleme näher geklärt, die in der unentbehrlichen allgemeinen Monographie nur kurze Anleuchtung finden konnten.« Warum nur »kurze Anleuchtung« in einem Zeitraum von vierzig Jahren, seit der »gehobenen Aufgabenstufen« von 1929, in zwölf Auflagen seines Hauptwerkes seit 1932? Ich habe Schultz nie auf diesen Widerspruch hin angesprochen, so wenig wie auf den anderen, daß die von ihm selbst gefundene Beziehung der Oberstufe zum Unbewußten ihn nicht davon abgebracht hat, die Didaktik der Oberstufe auf direktive Weise gestuft zu vermitteln. Seine Billigung der Oberstufentechnik von K. Thomas, die in dem kurzen Geleitwort zum Ausdruck kommt, läßt vermuten, daß die von Thomas geübte Methode im wesentlichen seinen eigenen Auffassungen entsprach. Wir zeichnen nun das Vorgehen in der Oberstufe bei J. H. Schultz im einzelnen nach.

Der erste Schritt »zur gehobenen Stufe des Trainings« ist die schon erwähnte Konvergenzstellung der Augäpfel nach innen und oben. Diese Technik einer strikten Anweisung zur Anspannung von inneren und äußeren Augenmuskeln entspricht einer Hypnosetechnik die als Fixationsmethode heute keineswegs mehr allgemein üblich ist. Kurzsichtigen rät Schultz ab, die Fixation auszuführen, läßt aber offen, was sie an deren Stelle setzen sollen. Nach diesem experimentellen Vorspann deutet er an, daß im Falle der »Benutzung des besonderen seelischen Zustandes« das Vorgehen ein anderes sei. Hier hätten sich »im Verlaufe der letzten Jahre«** bestimmte Stufenfolgen von Übungen als »nutzbringend« erwiesen. Als Ansatz für die Übungstechnik wird als erste Stufe die Aufgabe gestellt, in tiefgetriebener Versenkung

---

* Thomas, K.: *Praxis der Selbsthypnose des autogenen Trainings (nach J. H. Schultz) Formelhafte Vorsatzbildung und Oberstufe*, Stuttgart 1970, (2. Aufl. 1972).
** in dieser unbestimmten Ausdrucksweise übereinstimmend in den von mir benutzten Auflagen Nr. 7, 10 u. 13 (1952–70).

»irgendeine gleichförmige Farbe vor dem geistigen Auge erscheinen zu lassen«. In dieser Technik gehe es um das Auffinden der »Eigenfarbe«. Wenn dieser erste Versuch geglückt ist, der Schultz nach seinen Worten einen ersten spontanen Blick in die innere Farbwelt tun läßt, stellt er den (durchgehend so bezeichneten) »Versuchspersonen« die weitere Aufgabe, bestimmte vom Versuchsleiter gewählte Farben zu vergegenwärtigen. »Diese Experimente werden systematisch durch die Farben des Spektrums getrieben.« Schultz nennt das den Prisma- oder Spektrumversuch.

Die Schultzsche Oberstufentechnik strebt im weiteren Verlauf an, den Versuchspersonen eine freie und sichere Verfügung über diese ersten Farberlebnisse zu geben. Von diesem Stadium an läßt er zu Hause auch allein üben. Die Sicherheit und Festigkeit des inneren Farberlebnisses könne neben fortlaufenden Übungen auch durch Störungsversuche erhöht werden. Schultz benutzte optische und akustische Störversuche, wohl in der Absicht, die Reizschwelle durch aktive Desensibilisierung heraufzusetzen. Wir haben heute unter zunehmender Lärmbelästigung freilich andere Sorgen in der Therapie mit dem Autogenen Training, als sie der experimentierfreudige Schultz in den Gründerjahren seines Verfahrens hatte. Nur weil solche und andere antiquierte Forschungsergebnisse auch in den neuesten Auflagen unverändert enthalten sind, muß kritisch angemerkt werden, daß die Verbesserung der Ergebnisse im Autogenen Training, namentlich in der Oberstufe, nicht durch Störversuche zu erzielen ist. Schlafgestörte, im Streß zermürbte Patienten, nicht Versuchspersonen, sind anders ins Autogene Training einzuführen als die große Zahl »normaler Versuchspersonen«, ohne deren Mitwirkung damals das Autogene Training nicht hätte auf seine Brauchbarkeit hin überprüft werden können.

Systematisch geht nun die Oberstufe in der Darstellung bei J. H. Schultz weiter. Wenn die Farberlebnisse einigermaßen sicher erarbeitet sind, schreibt er, gehe er zu der Aufgabe über, »bestimmte Objekte innerlich erscheinen zu lassen«. Er empfiehlt, zweckmäßigerweise von ganz konkreten Gegenständen alltäglicher Art auszugehen, wie er es ähnlich mit den »Schauübungen« in der Wachpsychotherapie anstellte.* Es handelt sich dabei um konsequente Übungen zur gesteigerten *beobachtenden* Hinwendung auf reale Objekte. »Je nach Typ und sonstiger Eigenart der Versuchsperson« wird das Abzeichnen einfacher Objekte zur Aufgabe gestellt, »wobei der Kranke sich keinerlei Abschweifung gestatten darf.« Er komme dabei zu einer sachlichen und objektbezogenen Einstellung, die der krankhaften Ich-Bezogenheit entgegenwirke.

Die Provozierung von Objekterlebnissen in der Oberstufe durch strikte Vorgabe der konkreten Objekte stößt, wie Schultz schreibt, »nicht selten« auf Schwierigkeiten. In einem solchen Falle läßt er seine Versuchspersonen »zweckmäßig eine Zeitlang« mit der Einstellung allgemeiner Objekterwartung arbeiten. Sie stellen sich »lediglich« innerlich schauend in ihr Augendunkel ein und haben die ganz allgemeine Erwartung, daß irgendein Gegenstand sichtbar wird. In der Fortsetzung dieser Technik macht sich Schultz zum Arbeitskriterium, daß den Übenden die Innenschau selbstgewählter konkreter Objekte im allgemeinen sicher »gehorcht«. Erst dann läßt er »abstrakte Gegenstände schauen« (offensichtlich sind abstrakte Begriffe gemeint). Allerdings stellt er die Aufgabe, etwa »Glück« oder »Gerechtigkeit« einzustellen und dann in intensiver Versenkung innerlich zu schauen.

Es muß hervorgehoben werden, daß Schultz hinsichtlich der Objekte in der Oberstufe vom *Beobachten* zum *Schauen* fortschreitet, daß er jedoch bei jeder neuen »Aufgabe« die Objekte vom Versuchsleiter ansagen läßt, bis die selbstgewählten Objekte gehorsam und prompt von selbst wiederkehren und gesicherter Besitz des Übenden werden. Frei aufsteigende Inhalte des Unbewußten registriert Schultz sehr aufmerksam, wertet sie aber als interessante Merkmale der Versuchsperson oder auch als *Widerstand* (»der uns so oft begegnende«), wie sich an der auf S. 239

---

* Schultz, J. H.: *Die seelische Krankenbehandlung*, 7. Aufl., Gustav Fischer Verlag, Stuttgart 1958, S. 241.

des Lehrbuchs dargelegten Fallskizze des Naturwissenschaftlers mit dem unabweisbar sich aufdrängendem Kirchenlied aus seiner Schulzeit sehr gut studieren läßt. Es handelt sich m. E. vielmehr um die situationsgerechte Wiederkehr eines verdrängten und mit Konflikt besetzten Erlebnisses aus der Schulzeit beim namentlichen Verlesen der Versetzungen. Der hier beschriebene Patient von Schultz erlebt seine Versetzung aus der »Unterstufe« in die »Oberstufe« mit der Aufgabenstellung, die Ergebnisse zu »verobjektivieren«. Dieser hübsche kasuistische Beitrag des Meisters zeigt, wie die meisten seiner Beispiele, was die Oberstufe aussagt, wenn man sie sprechen läßt, indem sie verschweigt, was man aus ihr herausfragen will. Widerstand? Warum auch nicht – es fragt sich nur, wie man mit Widerstandsphänomenen umgehen soll.

Den Übergang von der allegorischen zur symbolischen Bildsprache in diesem Stadium der Oberstufe erwähnt Schultz ausdrücklich, weist auch auf die Plastizität solcher Bilder hin und gibt dazu ein gut ausgewähltes Fallbeispiel. Ein Satz in diesem Abschnitt seines Buches macht deutlich, daß Schultz den Begriff des Produktiven in der Oberstufe enger wählt, als wir es tun, wenn er die Bereicherung der Innenwelt des Übenden anspricht. Es heißt: »Hier beginnt unsere Arbeit schon im eigentlichen Sinne produktiv zu werden, da viele Versuchspersonen durch die Entdeckung dieser inneren Welt nicht nur mit schönen Innenerlebnissen beschenkt, sondern auch für das übrige Leben bereichert werden.« Bei Schultz ist die Oberstufe erst eigentlich produktiv in dem Maße, wie sie dem Übenden etwas »bringt«. In einem späteren Kapitel soll ausgeführt werden, daß in meinem Verständnis der Oberstufe als Produktion alles gemeint ist, »was kommt«. Diese Produktion wird formal und inhaltlich analysiert und interpretiert.

»Rein psychotherapeutisch betrachtet«, schreibt Schultz, einen neuen Gedanken aufgreifend, »ergeben sich hier Materialien, die mit großem Nutzen ebenso verwendet werden können, wie die der Nachtträume und vielfach die kathartischer Sitzungen.« Über die therapeutische Aufarbeitung dieser Materialien macht er keine weiteren Ausführungen und merkt nur an, daß »kritische Versuchspersonen mit guter Selbstkontrolle« weitgehend bei sich selbst kathartische Abläufe abrollen lassen könnten.

Nach der »Objektschau«, die »fließend zur Verfügung« sein muß, werden weitere Aufgaben gestellt. Die »Versuchsanordnung« besteht darin, daß sich der Übende ein Erlebnis für die Innenschau sucht, das für ihn »Ausdruck oder Sinnbild des intensivsten und erwünschtesten Gefühlszustandes ist«. In Analogie zum Terminus der Eigenfarbe spricht Schultz hier vom »Eigengefühl«. Aufbau, Ablauf und Ergebnisse solcher Versuchsanordnungen geben dem Begründer des Autogenen Trainings immer neue Anlässe, sich mit den psychologischen Typen der Versuchspersonen zu befassen. Ein kurzer Einschub im weiteren Text weist auf die Tatsache hin, daß manche Versuchspersonen »zu ihrer großen Überraschung« völlig andere Eindrücke erleben. In einem Satz wird verraten, daß es sich dabei um »überwältigende erotische Motive« handeln kann. Das Stichwort »urtümliche Motive« führt, wie zu erwarten, direkt zu C. G. Jung, allerdings nur ganze sieben Zeilen lang, und diese im Kleindruck (S. 242).

Ein geflügeltes Wort bei Theologen heißt »Sacra scriptura sui ipsius interpres« – »die Bibel legt sich selbst aus«. Man kann die immense Pionierleistung von J. H. Schultz nicht interpretieren, ohne ihn selbst möglichst oft und genau sprechen zu lassen. Auch Schultz drückt sich oftmals dort deutlicher aus, wo er etwas nicht sagt. Das Formale gewinnt an Bedeutung vor dem Inhaltlichen, wenn man feststellen will, was Schultz eigentlich unter Oberstufe verstanden hat. Dazu kann vielleicht die folgende wörtlich zitierte Textstelle beitragen:

»Sind die Versuchspersonen so zu einer gewissen Erfahrung ihres Innenlebens vorgedrungen, so stellen wir als Gegenaufgabe, in tief versenktem Zustande das Bild eines bestimmten Menschen ganz konkret plastisch vor sich erscheinen und in sich auswirken zu lassen. Wir benutzen die Technik der Versenkung zur Kontrolle für die Einfühlungsfähigkeit in den Anderen.«

Die Oberstufe ist bei Schultz eine einzige große Expedition zur eigenen »Tiefenperson«. Wenn die Versuchspersonen bis dorthin »vorgedrungen« sind, beziehen sie gewissermaßen Biwak und sichern die erreichte Etappe. Immer wieder drückt sich Schultz so aus, daß die Versuchspersonen dies und das »ausreichend« und »einigermaßen sicher« erarbeitet haben müssen, daß sie dies und jenes »beherrschen« und darüber »sichere Verfügung« haben müssen. Im obigen Zitat nimmt wunder, daß die Einstellung auf eine bestimmte Person eine »Gegenaufgabe« zu der gewonnenen Erfahrung des eigenen Innenlebens für die Versuchsperson im Schultzschen Sinne sein soll. Mit der Oberstufe gar eine Kontrolle über die (bewußte?) Einfühlungsfähigkeit in den anderen ausüben zu wollen, hieße doch, die »Technik der Versenkung« in den Dienst rationaler Überlegungen und Absichten zu stellen. Dabei kam Schultz frühzeitig zu der Entdeckung, daß positive Gefühlseinstellungen zu der gesuchten, d. h. innerlich vorgestellten Person entgegen der Erwartung selten eine Hilfe, vielmehr eher eine Erschwerung bilden. Er stellt auch fest, daß der Versuch besser mit »unsympathischen und feindlichen Individuen« gelingt. Der Übende sieht diese Personen häufig karikierte oder symbolische Handlungen ausführen, was Schultz richtig mit den inneren Gefühlseinstellungen des Erlebenden in Zusammenhang bringt; nur vermissen wir an dieser Stelle die notwendige Interpretation dieser Befunde mit Hilfe der psychoanalytischen Begriffe des Widerstands und der Zensur. Zwar schreibt Schultz kurz und bündig: »Hier liegen nicht nur kathartische Möglichkeiten, sondern bemerkenswerterweise kann die intensive Vergegenwärtigung eines feindlichen Wesens zu einer weitgehenden Versachlichung der inneren Einstellung führen, ohne daß irgendwelches ›Abreagieren‹ nachweislich wäre.« Aber er erklärt nicht, warum er zu dieser Auffassung gekommen ist, und er läßt uns, wie auch sonst in seinen Büchern, im Unklaren darüber, wie er Begriffe verwendet. Typisch dafür ist der Umgang mit dem Begriff des Widerstands, der einmal als ganz schlichtes »Nichtwollen« oder »Sich-Auflehnen« aufgefaßt werden könnte, zum andern aber benutzt werden müßte als ein streng umrissener Terminus innerhalb der psychoanalytischen Theorie.

Wir werden dem Begründer des Autogenen Trainings nur gerecht, wenn wir uns vor Augen halten, daß der 1884 geborene Gelehrte seine ersten Lebensjahrzehnte im Übergang vom 19. zum 20. Jahrhundert erlebte, in jener positivistischen Ära also, die der sogenannten Schulpsychologie in den Fußstapfen von Wundt eine Blütezeit bescherte, die gleichzeitig jedoch auch die Psychoanalyse Freuds, Adlers und Jungs hervorgebracht hat. Schultz war zeitlebens fasziniert von den Entdeckungen der Psychologie in jener Zeit, besonders von der Wahrnehmungspsychologie, was ja eindrucksvoll in den kenntnisreichen Exkursen seines Buches zum Ausdruck kommt. Man muß wissen, daß J. H. Schultz, gleichaltrig mit der ersten Schülergeneration von Freud, die Tiefenpsychologie bereits in ihren Anfängen kennengelernt hat. Sein Anliegen war es, der Schulpsychologie (oder wie man sie nennen will) den richtigen Rang neben der aufkommenden Tiefenpsychologie (d. h. der Psychologie des Unbewußten) zu sichern. Daß er daran sein ganzes Leben lang festgehalten hat, verdient in der Erinnerung bewahrt zu werden, denn es gab in den ersten drei Jahrzehnten neben den Verächtern der Psychoanalyse auch einseitige Verfechter, die der Psychoanalyse den Vorrang in der Psychologie zusprechen wollten. Schultz war freilich in seiner witzig-ironischen Art nur allzu leicht bereit, sich an dem Wort »Tiefe« zu stoßen. Er meinte, mit der Wortwahl »Tiefenpsychologie« werde der älteren, naturwissenschaftlich begründeten Psychologie der Makel der »Oberfläche« oder des »Oberflächlichen« angeheftet. Wer ihn kannte, erinnert sich an diese Rabulistik mit Tiefe und Oberfläche. In seinen Werken finden sich ebenfalls Anklänge dieser Art*.

Als hervorragender Kenner der Hypnosetechnik und als Be-

---

* z. B. in: *Die seelische Krankenbehandlung*, S. 143, 166 ff. und in der Autobiographie *Lebensbilderbuch eines Nervenarztes*, Stuttgart 1964, S. 160: Gegen einseitige Zielsetzungen psychoanalytischer Institute mit dem Hinweis, daß »Oberfläche« auch ihre »Tiefe« habe.

gründer des Autogenen Trainings wurde J. H. Schultz, der zwischen den Schulmeinungen stand, einer der einflußreichsten Vertreter der »aktiv-klinischen Psychotherapie« nicht gegen, sondern neben der sich entfaltenden Psychoanalyse. Es ist verständlich, daß Schultz die Phänomene der Oberstufe in seine Gesamtkonzeption der Selbsthypnose des Autogenen Trainings einzuordnen bestrebt war. Er meint, daß die reiche Ausbeute des »hier dargelegten« Oberstufenverfahrens für eine allgemein- und neurosenpsychologische Bearbeitung nicht im einzelnen dargetan werden könne (Lehrbuch, S. 247). Die Veranschaulichung inneren Erlebens gewinne im versenkten Zustande an Fülle, Reichtum und Lebendigkeit, vor allem an »Beständigkeit und Beobachtbarkeit«. Viele »unanschauliche« seelische Vorgänge enthüllten ihr »sinnenhaftes Attribut« und leisteten einen Beitrag zu den »verschwiegenen Gesetzen der Symbolik«. Dies ist alles sehr vorsichtig ausgedrückt, und man erfährt daraus nur soviel, daß Schultz offensichtlich nicht rundheraus sagen wollte: »Das ist Material aus dem Unbewußten.« Er schreibt im Gegenteil: »Die nur so (bezogen auf die vorangehenden Sätze) mögliche ›Frage an das *Unter*bewußte‹ liefert uns reichliche Belege für Zusammengehörigkeiten, die besonders in der Entwicklungspsychologie der Neurosen (Freud) meist im umgekehrten Sinne angegangen wurden.« Der Lapsus »*Unter*bewußtes« findet sich unkorrigiert erst in späteren Auflagen, während die von mir mitbenutzte 7. Auflage (1952) noch richtig »*Un*bewußtes« schreibt.

Zusammenfassend kann man sagen, daß sich J. H. Schultz beim Ausbau seines Autogenen Trainings schon frühzeitig (1929) mit Phänomenen beschäftigte, die er zuerst »gehobene Aufgabenstufen« nannte. Er hat als erster erkannt, daß im Zustand der von ihm später so exakt definierten »Organismischen Umschaltung« des gut eingestellten Autogenen Trainings vorwiegend optische Bildinhalte »vor das geistige Auge treten«. Wenn er im Kapitel »Technik und Leistungen der Oberstufe« in seinem Standardwerk eine in Aufgabenstufen vom Geringen zum Höheren fortschreitende Technik der Oberstufe darlegt, spricht er nie von der organismischen Umschaltung, sondern von der »tief getriebenen Versenkung«. So versteht er letztlich die »Leistungen der Oberstufe« als qualitativ höhere Antworten auf ebenso höher einzustufende psychologische Experimente. Seine Partner bei den Oberstufenstudien sind »Versuchspersonen«, denen er immer neue und schwierigere Aufgaben stellt, wenn sie bis dahin »vorgedrungen« sind. Schultz muß das offenliegende Material aus dem Unbewußten seiner »Versuchspersonen« gesehen haben. Ob er es im Gespräch mit ihnen analysiert, d. h. assoziativ weiterbearbeitet hat, scheint nach den Ausführungen in seinem Buch nicht der Fall gewesen zu sein. Er empfiehlt dieses Vorgehen nicht, wenngleich er ausdrücklich betont, daß sich mit der Oberstufe nur Ärzte befassen sollten, die eine ausreichende psychologische Ausbildung erhalten haben. Schultz sah, was viel zu wenig bekannt ist, in der Unter- und Oberstufe zwei getrennte Verfahren, und doch schreibt er an anderen Stellen öfters, daß »die Oberstufe unserer Technik« ein weiterführendes Verfahren sei. Wiederum findet sich nirgends ein Hinweis darauf, daß er die Oberstufe als ein Autogenes Training für Fortgeschrittene angesehen hätte. Insgesamt ist die Darstellung der Oberstufe überwiegend deskriptiv, Folgerungen sind in die sprachliche Form der Vermutung gekleidet, die Schilderungen geben sein eigenes naives Erstaunen wieder. Schultz hat gezeigt, daß man in fünf bis sieben immer komplizierteren Aufgabenstellungen verwirrend vielgestaltige Produktionen bekommen kann. Er hat sich nicht klar dazu geäußert, ob sie dem Unbewußten entstammen oder nicht. Er hat die Oberstufe nicht zu einem wissenschaftlichen System ausgebaut. Die Erklärung gibt er in seinem Standardwerk: »Es bedarf keiner näheren Ausführung, daß ein gründliches Studium der hier lagernden Fragestellungen, von denen nur die greifbarsten und verlockendsten kurz angedeutet wurden, die Arbeitsmöglichkeit eines einzelnen ... weit übersteigt.« (S. 248)

Die Darstellung der Oberstufe
bei Wolfgang Luthe

Zum achtzigsten Geburtstag von J. H. Schultz erschien 1964 in New York eine internationale Ausgabe des *Autogenen Trainings* mit dem Untertitel *Correlationes psychosomaticae*, auf deutsch: »Psychosomatische Beziehungen« (1965 deutsch bei Thieme, Stuttgart). Das Werk vereinigt Einzelbeiträge von 52 Autoren in deutscher, englischer und französischer Sprache. Der Band wurde herausgegeben und eingeleitet von Wolfgang Luthe M. D., Montreal, der selbst fünf Arbeiten beisteuerte. Für unser eigenes Thema »Oberstufe« sind zwei der Arbeiten von Luthe bedeutsam, dazu einige weitere kurze Anmerkungen zum Oberstufenproblem anderer Autoren in diesem Sammelband, die wir hier mitbesprechen wollen. Die wichtigere Quelle für die Darstellung der Oberstufentechnik bei Luthe bildet der erste von insgesamt sechs vorgesehenen Bänden eines ebenfalls von Luthe herausgegebenen Werkes mit dem Titel: *Autogenic Therapy (Autogene Therapie)*, Volume I: *Autogenic Methods* (Band I, *Autogene Methoden*), New York, 1969. Im zweiten Hauptteil dieses ersten Bandes beschäftigt sich Luthe auf rund 30 Seiten mit der Oberstufe, die im amerikanischen Text *Autogenic Meditation, (Autogene Meditation)* heißt. Oberstufenübungen werden »Meditative Exercises« genannt. Zur Abkürzung und zum deutlichen Verständnis sollen im folgenden alle Zitate aus dem ersten Werk *Correlationes*, diejenigen aus dem zweiten Werk *Methods* genannt werden. Die erste Auflage der »Methods« (1969) wurde von Luthe und J. H. Schultz gemeinsam herausgegeben. Eine Neuauflage bereitet Luthe vor.

Im Aufbau der Oberstufe folgt Luthe weitgehend der Darstellung bei J. H. Schultz. Sein Bericht über den Stand des Autogenen Trainings in Nordamerika in den *Correlationes* (S. 297–302) enthält ein Ausbildungsprogramm, dessen straffe und systematische Komposition sich bereits von der breiten Schilderung im Standardwerk von Schultz abhebt. Mit diesem definiert er kompromißlos die Vorbedingungen für das Erlernen der Oberstufe. Neu ist die didaktische Gliederung. Die Teilnehmer der Ausbildungskurse werden systematisch auf die Oberstufe vorbereitet: Sie müssen die Unterstufe prompt und schneller als bisher einstellen; sie müssen die Dauer des Unterstufentrainings auf dreißig Minuten und länger ausdehnen und die Einstellungen auch unter störenden Umwelteinflüssen finden lernen. Soweit geht Luthe mit Schultz inhaltlich konform; er hat aber eine ausgefeilte und gleichbleibende Didaktik, wo Schultz noch Erfahrungsberichte unverbindlich anbietet. Bei Luthe müssen die Teilnehmer (»participants«) gleichzeitig mit der Vorbereitung für die Oberstufe eine bestimmte Anzahl von Formelhaften Vorsätzen, d. h. eine praktische Erfahrung im Umgang mit solchen sich aneignen.

Die Oberstufe selbst besteht aus sieben Übungen (»meditative exercises«) mit formal geringfügigen, jedoch inhaltlich und intentional bereits deutlichen Unterschieden gegenüber dem Stufenaufbau bei Schultz. Die erste Übung heißt bei Luthe: »Spontaneous experience of colours« – genau übersetzt: »Spontane Farberfahrungen«. Der Unterschied zu Schultz' Aufgabenstellung, »irgendeine gleichförmige Farbe ... erscheinen zu lassen«, ist evident. Der Übende (»trainee«) soll lernen, spontane Erfahrungen mit Farben (»colours«: Plural!) zu erwerben. Bei Schultz ging es um das Lösen einer Aufgabe.

In der zweiten Übung sollen Erfahrungen mit ausgewählten Farben gemacht werden. Die dritte und vierte Übung ist den Objekten vorbehalten, wobei die begriffliche Unterscheidung wie bei Schultz zwischen »konkreten« und »abstrakten« Objekten noch beibehalten wird. Die fünfte Übung gilt der Erfahrung mit einem frei gewählten Gefühlszustand. Wir erinnern uns dabei an das »Eigengefühl« im Aufbau bei Schultz. In der sechsten Übung läßt Luthe ebenfalls eine andere Person erscheinen (Luthe gebraucht das Wort »Visualisation«); in der siebten Übung kommt dann das Unbewußte zu Wort: nur formuliert Luthe nicht wie Schultz »Frage *an das* Unbewußte«, sondern »Antworten (Plural!) *aus dem* Unbewußten« (»unconscious«).

Während dieses Unterrichts in Selbsterfahrung werden die Teilnehmer begleitet, kontrolliert und ihr Erfahrungsgut im Detail diskutiert. Zusätzlich dazu werden in Gruppendiskussionen technische Schwierigkeiten, die gewöhnlichsten Fehler und die Widerstände (»resistance«) bearbeitet, sowie auch die mehr therapeutischen Techniken der Verstärkung (»reinforcement«), der Formelanpassung an die festgestellten Symptome und die Kontrolle gewisser physiologischer Funktionen.

In seinem grundlegenden Beitrag »Autogene Entladungen während der Unterstufenübungen« (*Correlations*, S. 22–52) befaßt sich Luthe sehr ausführlich mit Nebenerscheinungen unterschiedlicher Zahl und Intensität im Vollzug des Unterstufentrainings, die er allerdings auch trophotropen Hirnfunktionen zuordnet, ganz analog zu den regulären Abläufen der Unterstufe, die im Sinne der Gesamtumschaltung nach Schultz als »trophotrop« (Erholphase) zu bezeichnen sind. Unter der Vielzahl solcher »Entladungen« interessieren für die Beziehung zur Oberstufe am meisten die Sinneseindrücke auf optischem, akustischem, olfaktorischem und gustatorischem Sektor. Diesen sind gründliche Aufzeichnungen und tabellarische Zusammenstellungen gewidmet.

Luthe postuliert das Vorhandensein eines »hochdifferenzierten, mit beiden Hemisphären in gleichmäßiger Verbindung stehenden, centrencephalen Sicherheits-Entladungsmechanismus«. Er nimmt aufgrund der Beobachtungen an autogenen Entladungen und an den sogenannten »autogenen Abreaktionen« an, daß die Gesamtumschaltung des Autogenen Trainings die Funktion des bezeichneten »Sicherheits-Entladungsmechanismus« fördere, nämlich dann, wenn man unter Beachtung des »autogenen Prinzips« die Patienten ihre Unterstufenübungen verlängern lasse. Der Patient müsse eine Verschiebung seiner mentalen Aktivität von der »formelgebundenen passiven Konzentration« zugunsten einer »formelfreien passiven Akzeptation« erlauben. Von Luthe stammt in diesem Zusammenhang das auch von J. H. Schultz gern zitierte Bildwort der »carte blanche«. Er will damit ausdrücken, daß die aufsteigenden Bilder auf eine weiße Leinwand, einen Bildschirm oder ein Blatt projiziert werden, also ohne Vorgabe irgendwelcher Raster.

Ich halte diese Luthesche »Carte blanche«-Technik für den wichtigsten Schritt, der über die ursprüngliche Auffassung der »tiefgetriebenen Versenkung« hinausführt. Die folgenden Ausführungen einer physiologischen Beweisführung für die Vorgänge bei den autogenen Entladungen (und damit auch der Oberstufenphänomene) veranschaulichen Luthes Konzept besonders deutlich.

»Der dann meistens stufenweise einsetzende, sich progressiv entfaltene Ablauf sehr verschiedenartiger autogener Abreaktionen kann durch gelegentliche Hilfen unterstützt werden. Solche Hilfen dienen aber lediglich zur Unterstützung der vom Patientengehirn bereits eingeschlagenen Funktionsrichtungen. Ein solches psychophysiologisch unterstützendes Vorgehen ist aber unter keinen Umständen mit vom Therapeutengehirn diktierten und das Patientengehirn überrumpelnden Kunstgriffen und ähnlichen unpräzisen Manövern zu verwechseln. Die auf visuelle Abläufe abgestellten, von der Heterohypnose übernommenen psychologischen Einbahnstraßenmanöver verschließen leicht und nachhaltig die ebenso wichtigen und in vielen Fällen noch wichtigeren ›Entladungsventile‹ anderer Hirnbereiche.«

Luthes Verständnis des Autogenen Trainings in physiologischer Sicht kann sich auf zahlreiche eigene und fremde Untersuchungsergebnisse stützen. Es wäre nun ebenso verlockend wie verfänglich, autogene Entladungen und den gesamten Bereich der Oberstufe in ein Modell der Hirnphysiologie einzuzeichnen. Es erscheint zwar einleuchtend und möglich, neurophysiologisch nachzuweisen, wie im Effekt die Sinneseindrücke beispielsweise in der Oberstufe zustandekommen, nämlich durch adäquate und lokal definierte Reize, wie im gesamten Bereich der Sinnesphysiologie. Insoweit sind die Rückbezüge Luthes auf die Experimente namhafter Neurophysiologen auch berechtigt und instruktiv. Offenbar ist es aber mit Hilfe eines solchen physiologischen Arbeitsmodells nicht möglich festzustellen, was sich in dem autogen trainierenden Individuum abspielt, sowenig wie die neueren Beiträge der Physiologie zur Erklärung des Traumgeschehens den Traum selbst verständlich machen können, indem sie die Funktionsabläufe beschreiben. Im selbstgezogenen Rahmen dieses von mir hier absichtlich breit referierten Beitrags sieht Luthe den erfolgreichen therapeutischen Beitrag des Arztes in einer Mithilfe, die die »mit erstaunlicher Präzision *autogen* arbeitenden Hirnmechanismen« grundsätzlich respektiert. Damit erteilt er allen heterosuggestiven Eingriffen in das prinzipiell autosuggestiv orientierte Autogene Training eine Abfuhr, wie in dem oben zitierten Text unmißverständlich abzulesen ist. Freilich sind »Entladungen« nicht ohne weiteres als Produktionen des Unbewußten zu identifizieren, und die respektierende Einstellung gegenüber den autogen arbeitenden Hirnmechanismen ist nicht gleichbedeutend mit der freischwebenden Aufmerksamkeit des Analytikers in der Oberstufentechnik, der sich den seelischen Erlebnishintergrund der Person zum Ausgangspunkt seiner therapeutischen Oberstufenarbeit macht.

Sind somit die prinzipiellen und formalen Elemente der Oberstufe im Verständnis bei Luthe eng an die Erfahrungen mit den autogenen Entladungen und Abreaktionen geknüpft, so bleibt zu seiner Lehre der Oberstufe doch noch das charakteristischste Merkmal seines differenzierten Stufenaufbaues darzustellen.

Als Quelle benutzen wir hierfür die schon erwähnten *Methods* (S. 142–174), darin besonders die Tabelle 7, auf Seite 145: »Stages of brain-directed visual elaboration during autogenic training and autogenic abreaction« (»Stufen hirngesteuerter visueller Vervollkommnung während des Autogenen Trainings und der autogenen Abreaktion«).

Kennzeichnend ist, daß in dem siebenstufigen Modell nach Luthe die Vorstellung eines Differenzierungsprozesses vorherrscht, was schon in der Wortwohl »elaboration« zum Ausdruck kommt: Das kann »Ausarbeitung« und »Vervollkommnung« heißen, jedoch auch »Entwicklung« bedeuten. Stufenfolge als Vorgang einer sich zwar auch sukzessiv aufbauenden, aber wesentlich sich ausdifferenzierenden und damit sowohl quantitativ als auch qualitativ anreichernden Innenschau hebt sich unwechselbar ab gegen die mehr leistungsbezogenen progressiven Schritte bei J. H. Schultz.

Die Differenzierung ergibt sich eindeutig aus der näheren Beschreibung, die Luthe zu den sieben »stages«, den Stufen, liefert. So nennt er die ersten drei Stufen »elementary stage«, Elementarstufe. Das sind gleicherweise für ihn Grundstufen, ob es sich bei I um statische einheitliche Farben, bei Stufe II um dynamische vielgestaltige Farben und bei Stufe III um Vielfarbigkeit und einfache Formen handelt. Bei Stufe IV, den »Objekten«, erklärt er die weitere strukturelle und chromatische Differenzierung. Stufe V heißt im Original »Transformation of objects and progressive differentiation of images«, frei übersetzt also: Umgestaltung von Gegenständlichem und fortschreitende Differenzierung der Bilder.

Für die letzten beiden Stufen läßt sich anscheinend das Ausmaß der Differenzierung nicht anders als mit den Attributen »hoch« und »höchst« darstellen. Die fortschreitende Differenzierung in der Visualisation bleibt dem Stufendenken verhaftet; Luthe definiert für die Stufe VI das Geschehen als hochdifferenzierte und komplexe Ausarbeitungen von strukturellen, dynamischen und chromatischen Elementen. Die Stufe VII stellt den höchsten Stand (»highest level«) der Vervollkommnung dar, eine Art Spitze einer Pyramide, die ohne die Basis und die folgenden Schichten und Stufen nicht existent wäre. Hinzu kommt in Stufe VII, daß immer längere Zeitabschnitte (»prolonged periods«) der Selbstbeteiligung des Übenden im Wahrgenommenen wirksam werden.

Zum besseren Verständnis der in den folgenden drei Kapiteln dargestellten eigenen Auffassungen der Oberstufe möchte ich die sieben Stufen nach Luthe inhaltlich etwas genauer wiedergeben.

Stufe I: Statische einheitliche Farben. Eine Elementarstufe, die durch eine Ein-Ton-Farbe (Schultz: »gleichförmige Farbe«) charakterisiert wird, die das gesamte Gesichtsfeld ausfüllt. Farbe ist hier zumeist eine unbestimmte dunkle Schattierung. Weniger häufig sind hellere Schattierungen wie Silbergrau, Gelb, Hellblau, Rosa.

Stufe II: Dynamische vielgestaltige Farben. Ebenfalls eine Elementarstufe, allerdings mit differenzierteren Entwicklungen, wobei chromatische, strukturelle und dynamische Merkmale zusammenkommen. Die jetzt in der Mehrzahl auftretenden Farben binden sich teilweise an vage Formen, einfache Muster, und sie geraten in Bewegung.

Stufe III: Vielfarbigkeit und einfache Formen. Auch hier spricht Luthe noch von Elementarstufe. Zur Differenzierung von Formen und Farben kommt die Spezifizierung hinzu. Die Formen werden bestimmter (Scheiben, Ovale, Kreise, Ringe, Linien, Textilmuster), die Farben entschiedener und zugleich gemischt (Purpur, Orange, Braun, verschiedene Grün- und Blautöne). Die zunehmende Dynamik beschränkt sich nicht mehr auf ungerichtete diffuse Bewegungen (»Kreisen«), es kommt vielmehr zu exakt beschriebenen Drehbewegungen (mit Angabe der Drehrichtung), Näherkommen, Größerwerden, und es gibt Gegensätze wie »fallend« und »steigend«.

Stufe IV: Objekte. Es findet eine weitere strukturelle und farbliche Differenzierung statt mit meist statischen Objekten (Alltagsgegenstände, ornamentale und symbolische Objekte, Gesichter, Masken, Monstren), die auf einem farblich-dunklen Hintergrund erscheinen. Die Bewegtheit kann realistisch oder unrealistisch sein.

Stufe V: Umwandlung von Objekten, d. h. die Umgestaltung des Gegenständlichen, wobei sich Entwicklungen neuer Art abzeichnen: Die geschauten Bilder differenzieren sich im Raum,

Drinnen und Draußen werden unterschieden, Landschaften, Szenerien, Innen- und Außenräume wechseln. Die Farben können noch differenzierter erscheinen, feines Nuancenspiel wird erlebt. Die Selbstbeteiligung des Übenden ist noch selten.

Stufe VI: Filmstreifen. Hochdifferenzierte und komplexe Gestaltungen mit strukturellen, chromatischen und dynamischen Elementen laufen wie im Film ab. Der Trainierende kann gelegentlich aus der Rolle des passiven Beobachters in die des aktiven Teilnehmers überwechseln.

Stufe VII: Buntes Cinerama. Die Selbstbeteiligung in oft mehrfach wechselnden Szenerien und mit intervallären, zwischengeschobenen Bildinhalten einfacherer Art ist sehr häufig und für diese Stufe bezeichnend. Luthe legt ausführlich dar, daß diese Stufe größter Aufmerksamkeit beim Therapeuten bedarf.

Zusammenfassend ist festzustellen, daß W. Luthes Beitrag zum weiteren Ausbau der Methode des Autogenen Trainings vorwiegend auf physiologischem Gebiet und auf einer weitgeführten Systematisierung liegt. Eine auch nur annähernd gewichtige Polarität zwischen Unterstufe und Oberstufe, wie sie mit Schultz beginnend die Fachliteratur durchzieht, gibt es bei Luthe nicht, weil seine »standard exercises« (Unterstufe) und »meditative exercises« (Oberstufe) viel stärker miteinander verwoben sind. Nachdem er sich ausgiebig mit den von ihm so genannten »Autogenen Entladungen« in der Unterstufe befaßt hat, stellt sich ihm das Verhältnis beider Stufen anders dar. Er kann daher aus seiner Sicht mit voller Berechtigung einen bekannten und richtigen Sachverhalt zu einer zentralen Frage machen, wenn er folgendes feststellt: »Wenn die ›meditative exercises‹ (Oberstufe) als indiziert und unter kompetenter Supervision angewandt werden, hat man beobachtet, daß bestimmte Krankheiten, die auf das Standardtraining (Unterstufe) ungenügend angesprochen haben, während der ›meditative exercises‹ eine Tendenz zur Besserung oder eine fortschreitende Besserung zeigen«. (*Methods*, S. 149) Damit ist für Luthe die Oberstufe unserer Nomenklatur ein ausgefeilteres Training, mit Elementen übrigens, die er in Ansätzen schon in der Unterstufe nachgewiesen hat. Die »standard exercises« und »meditative exercises« sind zusammen ein viel stärker zusammengefügtes Ganzes. Im Lernprozeß des Übenden werden sie gleichwohl nacheinander und mit dem schon von Schultz geforderten ausreichenden Zeitabstand angeeignet. Die Didaktik Luthes, niedergelegt in detaillierten Lehr- und Prüfungsprogrammen für Ausbildungskandidaten bei der ICAT (International Committee Autogenic Therapy), behandelt die Oberstufe als differenzierteren, schwierigeren, verantwortungsvolleren Teil des Trainings mit unverkennbarer Höherbewertung.

Den Standort der Oberstufe zur analytischen Psychotherapie bestimmt Luthe etwa mit dieser Einschätzung: »In Kombination mit analytisch orientierter Psychotherapie haben sich die ›meditative exercises‹ teilweise brauchbar gezeigt für die Herbeiführung eines produktiveren therapeutischen Hintergrunds, den man ja als Hilfe für den Fortschritt des therapeutischen Prozesses ansieht.« (*Methods*, S. 149/150) So steht Luthe durchaus auf dem von J. H. Schultz gelegten Fundament, kann ähnlich wie dieser teils eine »Kleine Psychotherapie« (Unterstufe), teils eine »Große Psychotherapie« (unter Hinzunahme der Oberstufe) ausüben. Er stellt alles auf eine ausgebaute physiologische Basis experimentell abgesicherter Hirnleistungsmechanismen.

Oberstufe als Aussage
des Unbewußten

»Wir kommen«, meint H. Wallnöfer*,« wenn wir über Phänomene im Autogenen Training nachdenken, ohne das Rüstzeug
der Tiefenpsychologie und besonders der Psychoanalyse nicht
aus.«

Viele Therapeuten haben diese Schlußfolgerung aus mannigfacher Eigen- und Fremderfahrung gezogen, zumal nach gründlichem Studium des Werkes von J. H. Schultz. Wie der Meister
selbst, so mußten auch die Jünger, jeder für sich, zu der Konfrontation mit Aussagen des Unbewußten Stellung nehmen,
spätestens in der Beschäftigung mit der Oberstufe, dann aber
kritisch-aktuell.

Wallnöfer bringt in dem zitierten Vortrag einige sehr aufschlußreiche Beispiele von Fehlleistungen, die die Übenden ihm
in Protokollen oder mündlich mitteilten. Sie sind als weithin bekannte spontane Äußerungen des Unbewußten von Freud in seiner *Psychopathologie des Alltagslebens* als Widerstands- und
Ambivalenzphänomene entlarvt worden. Schon in der Unterstufe begegnen wir solchen Widerstandshaltungen des Unbewußten, namentlich dort, wo es heikel sein kann, daran zu
denken, geschweige darüber zu reden. Wallnöfer zitiert besonders aus dem Bereich der Plexusübung: »Das Sonnen*geschlecht*«,
»Sonnengesteck«, »Der Sonnensumpf ist strömend arm – warm
– störend heiß«. Die Beispiele ließen sich aus eigener Erfahrung
beliebig vermehren.

---

* Wallnöfer, H.: *Kathartisches und analytisches Geschehen in der Therapie mit Autogenem
Training,* Vortrag, 1972 gehalten an der Deutschen Akademie für Psychoanalyse, Berlin. – Vgl.
auch den Beitrag gleichen Inhalts, in: Binder, H. (Hrg), *Zwanzig Jahre praktische und klinische
Psychotherapie,* München 1973. – Vgl. auch: Wallnöfer, H.: »Aufdecken durch Gestalten vor und
nach dem autogenen Training«, in: Langen, D. (Hrg), *Hypnose und Psychosomatische Medizin,*
Stuttgart 1972.

Manche haben aus dieser Begegnung mit dem Unbewußten die Konsequenz gezogen, das Autogene Training mit analytischer, d. h. allgemein mit tiefenpsychologisch orientierter Psychotherapie zu kombinieren, z. B. G. Kühnel und H. Ehrhardt*, weil sie völlig richtig eine Steigerung der Produktion unbewußter Inhalte mit Hilfe des Autogenen Trainings erwarteten und auch erhielten. Die kompromißlose Folgerung, das Autogene Training in der Oberstufe direkt und unvermischt als tiefenpsychologische Therapie einzusetzen und auszubauen, scheint vorwiegend an zwei völlig voneinander unabhängigen Komponenten der Bedingung zu mißlingen oder zu wenig interessant zu sein. Die ausgebildeten Psychoanalytiker benötigen vielleicht die Technik der Oberstufe nicht, vielleicht ist ihnen in der Mehrzahl das Autogene Training überhaupt fremd und unwichtig. Die in analytischer Psychotherapie nicht so erfahrenen Therapeuten scheuen sich, wie ich aus Gesprächen mit vielen Kollegen weiß, eine Methode anzuwenden, die mit assoziativer Durcharbeitung des vom Patienten angebotenen Bilderlebens und mit der Deutung solcher Inhalte verantwortlich umzugehen verlangt.

Diese Umstände scheinen zur Folge zu haben, daß unser therapeutisches Verhältnis zu dieser Methode weithin noch ungeklärt und auch unsicher ist. Einerseits verführt die Kenntnis der Visualisation im Vollzug des Autogenen Trainings dazu, diese Vorgänge systematisch zu fördern, andererseits bleiben oft die schönsten und greifbaren Auskünfte des Unbewußten beim Patienten ungehobene Schätze, weil dem Trainer-Therapeuten tatsächlich Rüstzeug und ausreichende Erfahrung auf tiefenpsychologischem Gebiet fehlen. Hierbei kommt es wenigstens nicht zu iatrogenen Schäden, und es kann in vielen Fällen die Oberstufe im Ansatz tatsächlich das leisten, was sie bei zurückhaltender Anwendung nicht versagt: Verstärkung der allgemeinen Wirkungen der Unterstufe, Anregung zur Selbstbesinnung

---

* Kühnel, G: »Verbindung von Autogenem Training und Psychoanalyse«, in: *Nervenarzt* 20; 2, (1949) – Ehrhardt, H.: »Kombinierte Behandlung mit dem Autogenen Training und analytischer Psychotherapie«, in: *Psychotherapie* 3, 1958, S. 214–219.

und eine inhaltlich neutrale Meditation für viele gehetzte und einseitig verstandesmäßig festgelegte Menschen.

Bedenklicher ist es, wenn die Oberstufentechnik, meist auch bei ungenügender Erfahrung mit einer sauberen Unterstufenpraxis, von Unerfahrenen angewandt wird. G. Krapf[*] spricht die verantwortungsbewußte Haltung vieler aus, wenn er betont, daß die Oberstufe des Autogenen Trainings in die Hand eines Arztes gehört, der eine Ausbildung in den analytischen Techniken besitzt. Wallnöfer führt in dem zitierten Vortrag aus: »Ein Optimum wäre meines Erachtens zu erwarten, wenn der Therapeut, der sich eingehender mit dem Autogenen Training und vor allem mit der Oberstufe befaßt, mehrjährige, wenigstens gruppenanalytische – am besten wohl einzel- und gruppenanalytische – Erfahrungen erwirbt.«

Der Schritt zu der Analogievorstellung Oberstufe – Nachttraum als Aussagen des Unbewußten ist offensichtlich vom jeweiligen Therapeuten selbst zu vollziehen und setzt bei ihm erst einmal psychoanalytisches Denken und entsprechende therapeutische Erfahrung voraus. Als Psychoanalytiker sehe ich die Oberstufe des Autogenen Trainings als einen Chiffretext des Unbewußten, den ich mit den gleichen Mitteln der freien Assoziation und der Deutung angehe wie andere Äußerungen des Unbewußten, zumeist eben den Nachttraum, den zu Recht so genannten »Königsweg« (via regia) zum Unbewußten nach Freud.

Das Verhältnis zwischen Oberstufe und Nachttraum stellt sich mir aber weniger als eine Analogie dar, wenn man unter dieser ein »als ob« verstehen möchte. Der lange Umgang mit den Oberstufenproduktionen meiner Patienten hat mich gelehrt, daß das gemeinte Verhältnis beider Sprachrohre des Unbewußten sich in einem »gleich wie« dartut. Wenn man nämlich begonnen hat, die in der Oberstufe hervorgebrachten einfachen und komplizierten Bilder so zu lesen wie einen manifesten Trauminhalt.

---

[*] Krapf, G.: *Autogenes Training aus der Praxis. Ein Gruppenkurs*, München 1973.

Über wesentliche Unterschiede in beiden Bereichen wird noch zu reden sein, jedoch ist das hohe Maß an Parallelität solcher Produktionen Grund genug, sich arbeitshypothetisch folgendes Funktionsdreieck vorzustellen:

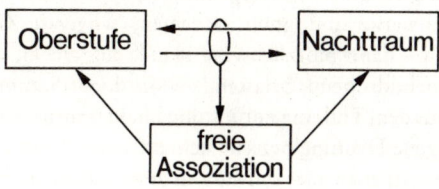

Die Technik der freien Assoziation liefert Zusatzmaterial aus dem Unbewußten in der Form ungerufener Einfälle, Erinnerungen aus früher Kindheit oder auch aus jüngster Vergangenheit und Gegenwart, Gefühlsechos unmittelbar während der assoziativen Bearbeitung und Gefühlserinnerungen. Es hat sich mir gezeigt, daß die Assoziationstechnik ohne prinzipiellen Unterschied auf die Oberstufe ebenso angewandt werden kann wie auf die Traumberichte und auf ganz frei aufsteigende, dem Analysanden zuerst völlig unlogisch erscheinende und deshalb gern als nebensächlich abgewehrte, unprovozierte freie Einfälle in der analytischen Sitzung.

Der Aussagegehalt der Oberstufenprodukte ist nicht direkt abhängig von der Reichhaltigkeit und epischen Länge der Oberstufeninhalte. Auch in diesem wichtigen Detail der Vergleichsbasis zum Nachttraum kann das Wenige, aber markant Deutliche mehr beinhalten als eine lange Traum-(=Oberstufen)-»Story«, die nicht selten im Dienste der Widerstandshaltung oder einer sehr positiven Übertragungssituation stehen. Dazu drei kurze Beispiele:*

* Diese und alle folgenden Beispiele sind aus der eigenen Praxis (R) sowie aus den von J. H. Schultz publizierten (S) und von Luthe angeführten Beispielen (L) genommen. Aus Gründen äußerster Diskretion können bei meinen eigenen Beispielen (R) keine Angaben zur Person der Patienten gemacht werden. Für wissenschaftlich interessierte und selbst in der Oberstufe arbeitende und publizierende Kollegen stehen nähere Angaben mit dem üblichen gegenseitigen Gebot

Ein durch beruflichen Mißerfolg und das Scheitern einer Zweierbeziehung problematischer Art um seinen inneren Halt ringender Ausbildungskandidat produziert nach vielen vorausgegangenen farbreichen Oberstufenbildern mit szenischer Bewegung in der nächstfolgenden Gruppensitzung vorwiegend schwarze und graue Schemen, wogende Grautöne, Schlieren – dann plötzlich eine Hand, aufgereckt, alles sehr unheimlich, drohend, belastend. – Mit dieser Stimmung holt er sich aus dem Training zurück und blickt traurig vor sich hin. Seine eigene Deutung bezieht sich auf seine aktuelle Lebenskrise: er sehe eben alles schwarz in grau und das Schicksal erhebe drohend die Hand. Die assoziative Durcharbeitung in einer daraufhin angesetzten Einzelstunde verhilft zur Bewältigung der aktuellen Konfliktsituation. (R)

Wenn in diesem Beispiel eigener Deutung des schon erfahrenen Ausbildungskandidaten nur die Durcharbeitung mit weiteren Assoziationen folgen mußte, wollte man nicht in der handgreiflichen Drastik der Bildsprache stecken bleiben, so zeigt das folgende Beispiel sparsamer Bildsprache ein anderes Problem:

Eine in katastrophaler, aber aus äußeren Gründen nicht einfach auflösbaren Ehe lebende Frau sieht folgendes: Auf schwarz-violettem Hintergrund zucken Lichter auf, ganz kurz, angstmachend. Sie fühlt sich schlecht, verstärkt die Unterstufe, dann kommt etwas Ruhe über sie. Ein tiefdunkler, fast ganz schwarzer Hintergrund läßt ein kleines helles Hochrechteck frei, wie ein Fenster, aber ohne Fensterkreuz, eher wie eine offene Tür . . . Dann verschwindet alles und die Patientin nimmt zurück, sehr gedankenvoll, nicht so sehr beruhigt als eher ermutigt. Die weitere assoziative Durcharbeitung, ebenfalls in einer außer der Reihe vereinbarten Einzelstunde,

---

der ärztlichen Schweigepflicht für den privaten wissenschaftlichen Gebrauch zur Verfügung. Die Beispiele (S) und (L) sind den zitierten Hauptwerken von J. H. Schultz und W. Luthe entnommen und dort leicht auffindbar.

ergibt, daß die Patientin nach einer (der zahlreichen) aktuellen Zuspitzungen völlig hoffnungslos war. In dieser Stimmung begann sie die routinemäßige Gruppenstunde und spürte nichts als Angst. Durch das Zurücksteigen in die Unterstufe gewann sie einen neuen Zugang. Das Fenster der Hoffnung wurde in der analytischen Sitzung als Illusion, als Hilfe »von irgendwoher«, als »Gottesfügung« entlarvt. Dafür fand die Patientin anhand ihrer Assoziationen eine Deutung: daß ihr ein Durchblick offenstünde, wenn sie den Weg zuende ginge. Welcher Weg das ist, haben Patientin und Analytiker gewußt. Eine ausführliche Darstellung ist hier nicht möglich. (R)

Nach zwei Beispielen der bildinhaltlich »armen« Oberstufen-produkte eines, das durch seine Bilderfülle anders gesehen werden muß – nicht weil Bilderfülle grundsätzlich besser oder schlechter wäre, sondern weil hier wiederum die Person in der Oberstufe mit ihrer Lebensgeschichte und ihrer aktuellen Problematik aus ihrem Unbewußten spricht.

Die Frau ist Mitte Zwanzig, zu ihrem großen Leidwesen ohne Kinder. Der Grund ist, daß der Mann, aufgrund eigener unbewältigter Konflikte, keine Kinder will – nicht von ihr jedenfalls. Die Frau ist überaus erfahren im Autogenen Training und bildert hervorragend, immer in ästhetisch stark beeindrucken-den Gestaltungen. Sie malt übrigens auch ideenreich und geschmackvoll. In einer Sitzung produziert sie eine Überfülle, deren mündliches Protokoll weit mehr Zeit beansprucht, als in einer Gruppe möglich ist. Es handelt sich um ein nicht endenwollendes Kaleidoskop bizarrer, bunter, lichtvoller und dunkler Bildstücke in stetem Wechsel, eine fortreißender Turbulenz, ein wahrer Hexensabbath toller Einfälle, Clownerien, ein Sammelsurium von Haus und Berg, Mensch und Tier, schwarz bis weiß, alle Farben des Spektrums . . . (R)

Natürlich konnte diese Überfülle in der Oberstufe in dieser

Gruppensitzung nicht vollständig dargestellt werden, so sehr die übrigen Gruppenmitglieder vielleicht daran interessiert waren, denn es gab nicht nur Bewunderer dieser Produktivität, sondern auch verängstigte und sich minderwertig fühlende Teilnehmer, die leider ihre eigenen Oberstufenergebnisse mit diesem Wust quantitativ vergleichen wollten – zu ihrer eigenen Abwertung, wie sie erkennen ließen. Deshalb wurde summarisch einiges dazu gesagt, mehr für die Deprimierten in der Gruppe als für die Produzentin. Diese bat ich in eine Einzelsitzung, in der eruiert wurde, daß sie letztlich ihrem Mann (in Projektion auf mich) zeigen wollte, was sie alles kann: dies und das, vielleicht auch Kinder kriegen? Die Überproduktion war ein vehementer Protest gegen die verweigerte Produktion (eines oder mehrerer Kinder). Die Durcharbeitung gab den Weg für eine realitätsgerechtere Bewältigung des Problems frei.

Das, was die Oberstufe eines Übenden aktuell in einer Einzel- oder Gruppensitzung oder beim alleinigen Trainieren zu Hause zeigt, ist ihre Aussage in bezug auf die unbewußte Thematik mit dem Mittel des »vor das innere Auge« (J. H. Schultz) tretenden Bildes. Diese Aussage ist nicht zu messen an dem inhaltlichen Reichtum, sondern sie ist eine Größe für sich. Deshalb bestehe das Bild – nach Schultz – auch nur aus einer »einförmigen Farbe«: Was kommt, ist recht, sage ich, weil es vom Übenden kommt (unbeeinflußt durch mich!) und weil es dem Übenden etwas sagt, obwohl er es »momentan« (Freud) nicht weiß, nicht einmal weiß, daß es zu *ihm* spricht, indem es rätselhaft und scheinbar unverständlich spricht.

W. Luthe verdanken wir einen – soweit vorstellbar – vollständigen Katalog aller Inhalte und dynamisch ablaufenden Gestaltungen in der Oberstufe. Der nicht analytisch geschulte Therapeut läßt sich durch eine gestaltreiche Produktion fesseln und zu früh oder einseitig zu einer reinen Inhaltanalyse verführen. Das von J. H. Schultz in seinem Hauptwerk angeführte Beispiel zeigt besonders deutlich, wie sehr er solche Oberstufenproduktionen als »intuitiv-produktive Leistung« verstand, also unmißverständlich als besondere künstlerische Begabung. (S. 242) Was die Oberstufe aber hervorbringt, ist eine allgemein menschliche Weise unbewußter Entäußerung in chiffrierter Form. Der ausführliche Bericht des an jener Stelle zitierten Psychiaters wäre m. E. analysierbar gewesen, wenn er selbst das gewollt hätte, weil man nur so von dem zweifellos beeindruckenden »was« zu dem »wie entstanden«, »auf was hinweisendem« und schließlich auf die Deutung des nur dem Produzierenden eigentümlichen Sinngehalts gekommen wäre. Mit der rein deskriptiv-staunenden und bewundernden Wiedergabe dessen, was einer in der Oberstufe hat, wird über das unterlegte Stufenmodell des Verfahrens hinaus auch noch das Vielgestaltige bis Genialische gelobt und belohnt, während das schlicht-einfache Bilderleben, dem Stufendrill unterworfen, zu weiterer Steigerung, Vervollkommnung und Aufwertung angeregt wird. So gesehen, verdammen wir die schlichten Gemüter, die zum gewählten Zeitpunkt möglicherweise ohne brennende Probleme sind und sich in vermehrter Ruhe über die Unterstufe hinaus einem wohltuenden Farb- und Formerleben in konfliktlosen Szenerien öffnen, zu wenig geachteten Anfängern und schließlich Versagern. Das zugrundegelegte Stufenmodell und die Wertschätzung des Interessanten schaffen unweigerlich eine Bevorzugung des Inhaltlichen in der Oberstufe. Luthes subtiler Katalog strukturell-dynamischer Bildinhalte der Oberstufe muß bei Trainern und Trainierenden einen latenten Leistungswillen stimulieren und kann dann auch dazu führen, daß diese Bemühungen unterwegs erlahmen: vielleicht ein Grund, daß viele die Oberstufe gar nicht erst weiterführen, wenn sie unter solchen (sicher irrigen und weder von Schultz noch von Luthe je so gemeinten) Leistungsanstrengungen die Lust verlieren.

Lust, ungerichtetes Interesse und eine naive Neugier sind es aber, die eine Beschäftigung mit dem eigenen Unbewußten wachhalten. Wenn wir den Gedanken an das Einmalige und ganz Persönliche der Oberstufenprodukte wieder aufgreifen, gewinnt die formale Analyse der Inhalte an Bedeutung. Wie alles, was in der Oberstufe geschieht, mit dem Übenden und mit sonst keinem etwas zu tun hat, so ist jedes Detail, ganz in Analogie zur Traumbearbeitung in der psychoanalytischen Sitzung, nicht zufällig, nebensächlich, unwichtig oder beiläufig. Das möchte der Träumer in seiner Abwehr (Widerstand) so bewerten und vom Analytiker bewertet sehen. Ein gründliches und geduldiges Fragen nach den Details mit der Technik der freien Assoziation ergänzt, verknüpft und verdeutlicht die zuerst unverständlichen Details und macht sie einer Deutung zugänglich. Nicht anders ist es in der Oberstufe.

Ein Theologiestudent, schon lange in Einzeltherapie mit Oberstufe, reflektiert im Bewußtsein seine konfliktbesetzte Einstellung zur Kirche und zur Form und Methodik des Theologiestudiums. Eines Tages sieht er in der zu Hause (häufig) ausgeführten Oberstufenübung folgendes: Eine schwarz-lila Kutsche, davor zwei Pferde, eines ist braun, das andere nur schemenhaft zu sehen. Der Kutscher ist ein müder, ausgemergelter, alter Mann oder gar eine vertrocknete Leiche. Die Kutsche ist leer. Sie fährt langsam an mir vorbei, hinter ihr trottet ein müdes braunes Pferd. Die Kutsche fährt auf einem Weg im Gebirge – ein schwarzer Steilhang mit einem grauweißen Weg, auf den gerade die Kutsche paßt. Anscheinend führt das Wegstück unmittelbar vor mir über eine Brücke, die ein tief unten fließendes reißendes Gebirgswasser überbrückt. Der Weg macht eine Biegung nach links und verschwindet dann rechts um den Felsen. Die Kutsche entfernt sich ebenfalls. (R)

Der Patient, aus längerer analytischer Arbeit gewohnt, mit Vorgängen wie diesem kritisch-wachsam umzugehen, bemerkt, daß er im weiteren Oberstufengeschehen abgelenkt wird. Er sieht eine farbige Bilderfülle, Anklänge an Gemälde von Corinth und Nolde, gesteht sich diesen Widerstand gegen die Kutsche ein und sucht sie sich neu:

Ich konzentriere mich wieder auf die Kutsche. Sie ist immer noch schwarz, das Stoffverdeck lila. Ich betrachte sie in allen Einzelheiten. Die Pferde sind jetzt schwarz und feurig. Einen Kutschbock gibt es nicht. Die Kutsche kam rückwärts ins Bild, die Pferde wollten sie gleich wieder wegziehen, aber ich halte das Bild fest und betrachte es in allen Einzelheiten. (R)

In der darauffolgenden Sitzung fangen wir an, die Details zu analysieren, immer mit der klassischen Frage: »Was fällt mir (Ihnen) dazu . . . und dazu . . . und dazu ein?« Daß das Bild der Kutsche mit den drei Gäulen sein Verhältnis zur Kirche bezeichnet, war dem Patienten gleich eingangs klar. Erst die Feinarbeit mit immer neuen Assoziationen brachte aber die Vielschichtigkeit des Problems zutage, denn ein einfaches Nein oder Ja zur Kirche, so oder so, hätte er auch ohne Zuhilfenahme einer Therapie finden können. Den ganzen Umfang und die Problemtiefe seines »Jein« (Ja-Nein) hat die gemeinsame analytische Assoziations- und Deutungsarbeit zu erschließen begonnen, als der Patient im Intervall zur nächsten Stunde zu Hause wieder die Oberstufe übte und dabei so fortfuhr:

Das Rad eines Pfaues, Kopf und Körper sind aus Gold getrieben, sie verschwinden gleich. Das Rad in den Farben Dunkelblau, Hellblau, Lila, Violett, Türkis. Das Rad geht über in den oberen Teil der Rosette eines gotischen Domes. – Kleinere, größere Rosetten, einander ablösend, räumlich versetzt. Die Farben schließlich ganz in Türkis und Grün.(R)

Grün war von Anfang der Oberstufenarbeit an die bevorzugte Farbe, in der der Patient *ruhte*, in die er sich oft auch zurückzog, deutlich weiteren Auseinandersetzungen auswich oder umgekehrt auch für solche sich »gerüstet« fühlte. Nun fährt er im Protokoll fort:

Ich versuche nun die Kutsche von gestern zu reproduzieren: sie ist sofort da, schwarz mit lila Kanten, dann aber sofort dun-

kelgrün mit Goldkanten. Das Dach wie ein Dreispitz. Dann
ein Dreispitz, der neben der Kutsche einhergeht. Das Gesicht
und der Körper sind dazu unwichtig, nur noch ein weißer
Spitzenlatz auf der Brust des Mannes ist zu sehen. Ich frage
mich, warum diese ganze Pracht und Üppigkeit, dieser Luxus
in meine Meditationen eindringen. Es müßte mir doch genü-
gen, daß sie in mir jederzeit auf Abruf bereitliegen, also was
brauche ich dauernd darin zu schwelgen? (R)

Das letzte Wort seines Protokolls nahmen wir zum Ausgangspunkt. Schwelgen? Warum sagte er »schwelgen«? Ist er nicht er-
bost über den Luxus der Kirche, über Prunk und Vergeudung
von Geld für Repräsentation und äußeren Aufwand? Und er
schwelgt selbst? Erstaunt darüber, daß er die abgelehnten Attri-
bute einer für ihn gerade dadurch entstellten Kirche in seine
eigene Meditation hinein nimmt, bedient er selbst den Schlüssel.
Ich gebe verkürzt wieder, was wir in langer und geduldiger analytischer Arbeit herausgebracht haben: Als armer Junge aus
mißlichen Verhältnissen kommend, an Darben gewöhnt, ist er
voller unterdrückter Wünsche und Nachholbedürfnisse. Kirche
und Theologie, zu Beginn seines Studiums hochgehobene, idea-
lisierte Werte, erweisen sich selbst als reich, luxuriös, ver-
schwenderisch (auch die gelehrte Theologie in der Überbewer-
tung von Fragen und Teilgebieten, die dem sozial eingestellten
Studenten verfehlt, zumindest nebensächlich erscheinen). Erst in
der Oberstufenarbeit wird ihm deutlich, daß er in seiner eigenen,
seine Triebbedürfnisse tangierenden Einstellung kein eindeutiges
Nein gegen Fülle und Luxus, Prunk und Pracht findet. Rational
schwebt ihm eine franziskanisch-asketische Kirche der Armen
vor, aber in seiner eigenen Natur kann und muß er die prunkende
Kirche bewundern. Daß er die dürftige Kutsche der ersten Bildnerei mit ihren elenden Gäulen nicht als gültigen Ausdruck der
abgewirtschafteten Kirche nimmt, zeigt sich in der Fortsetzung
an vielem: Den müden, alten Kutscher, die Leiche oder Mumie
(Kirchenleitung), setzt er ab (im zweiten Teil kein Kutschbock

mehr, die Pferde handeln selbständig). Er betrachtet die Kutsche immer sehr genau, und nach einem Übergang mit Pfauenrad in Farbenpracht mit der Überleitung der leuchtend-farbigen Fensterrosette des Domes holt er sich die Kutsche wieder und stilisiert sie über sein Grün mit dazu passendem Gold zur herrlichen Karosse um, neben der der Dreispitz (antiquierte, traditionell beibehaltene Form einer Amtskleidung nebst weißem Brustlatz, »Bäffchen« des Pastors) einhergeht, gesichtslos, personell unwichtig, ganz Amt. Die Durcharbeitung gewinnt allein noch durch hinzugefundene Einfälle aus dem Alltagsleben. Der Patient gelangt zu der Einsicht, daß sein Protest gegen die sichtbare Kirche parallel läuft mit der Frage an das eigene Selbst und seine Glaubwürdigkeit, dargestellt an der Auseinandersetzung seiner rational gestützten politisch-sozialen Einstellung zu elementaren Bedürfnissen, die er immer abwehrt und dem Diktat der Vernunft unterwerfen will. Das Unbewußte als Sammelort der unterdrückten Triebbedürfnisse drängt in den ausführlich dargestellten Protokollstücken machtvoll »nach oben«. Der insgesamt ungefähr dreißig Stunden dauernde Verlauf ist kontinuierlich protokolliert und enthält analoges Material in größerer Menge. Neben diesem durchgehenden Grundthema der Ambivalenz zwischen Armut und Luxus bearbeitete diese sehr intensive Oberstufenarbeit auch andere zwiespältige Themen, am meisten noch eine persönliche Partnerbeziehung und ein als sehr brisant erlebtes Entweder-Oder in der Frage eines gemeinsam gewünschten Kindes.

Sehr ausführliche Protokolle und Interpretationen können im Rahmen dieser Abhandlung kaum Platz finden. An dem eben skizzierten Fall läßt sich jedoch noch ein Problem aufzeigen, das für das Verständnis der Oberstufe allgemein nützlich ist. Der Patient hat sich die Kutsche ein weiteres Mal wiedergeholt, erneut reproduziert. Er hat sie übrigens, was hier im Bericht ausgelassen wurde, noch einmal »geholt«, zur Reklamekutsche von Mouson umstilisiert und schließlich zu einer alten Postkutsche abgewertet.

Was die Oberstufeninhalte betrifft, habe ich an anderer Stelle*
dargelegt, daß diese wie die Nachtträume nicht beliebig wiederholt werden können. Das stimmt für Nachttraum und Oberstufe
gleichermaßen. Manche berichten, daß sie »immer wieder das
gleiche träumen«, aber bei näherer Analyse ergibt sich doch, daß
das Thema in Variationen, und seien sie auch noch so geringfügig
im Detail, abgewandelt wird. Ebenso verhielt sich unser Theologiestudent, der nicht einfach wiederholt eine Kutsche sah, sondern sehr differenziert das Kutschensujet abgehandelt und der
inneren Thematik seines Empfindens angepaßt hat. Ich ziehe
diesen Hinweis heran zur Verdeutlichung, daß eben die feinen
Unterschiede im Detail wegen der Möglichkeit, sie der formalen
Analyse zu unterwerfen, im Traum wie in der Oberstufe ganz
wichtig sind und dem Vergessenwerden entrissen werden müssen. Sind auch Oberstufenbilder von besonders markanter Art
zum Leidwesen der Übenden in toto nicht wiederholbar, so bleiben sie doch deutlich in der Erinnerung haften. Wie andere Erinnerungsbilder des Tageserlebens und mancher Träume von
eindrücklicher Bildhaftigkeit bleiben sie im Gedächtnis des
Übenden gespeichert.

Es ist allgemeiner Brauch, von Oberstufenbildern zu sprechen.
Auch ich habe hier diesen Ausdruck im Wechsel mit anderen gebraucht, ungeachtet der Tatsache, daß die Oberstufe zwar vorwiegend, aber nicht ausschließlich optische Eindrücke hervor-
ruft. Die Oberstufe vermittelt auch andere Sinneseindrücke, wie
schon Luthe ausgeführt hat. Man sollte vielleicht genauer von
Oberstufenengrammen sprechen und damit alle optischen, akustischen, olfaktorischen (Geruchseindrücke) und gustatorischen
(Geschmackseindrücke) zusammenfassen. Dazu kämen noch
haptische, d. h. Tasteindrücke. Die Oberstufe hat gegenüber
dem Nachttraum in dieser Beziehung ganz unstreitbar ein Über-
gewicht, was die multisensoriellen Eindrücke, d. h. die Eindrücke auf mehreren Sinnesgebieten betrifft. Da die Oberstufen-

---

* Rosa, K. R.: *Das ist Autogenes Training,* Kindler Verlag, München 1973, S. 116

engramme im allgemeinen in der Erinnerung besser haften als Traumbilder und die differenziertere Oberstufenarbeit das Auftreten der eigenen Person mit Bewegung im Raum und Betrachten von Gegenständen aus verschiedenen Seiten sehr häufig beschrieben wird, könnte damit eine recht gut belegte Unterscheidungslinie zwischen Oberstufe und Nachttraum gezogen werden. Eine schlüssige Erklärung für diesen Unterschied kann ich nicht finden. Es ließe sich höchstens die Tatsache anführen, daß die Oberstufe bei aller Versenkung in das Unbewußte doch bei vollem Bewußtsein geübt und begrenzt wird. Ein schönes Beispiel für multisensorielles Geschehen in der Oberstufe berichtet J. H. Schultz:

Ich übe täglich 5¼ bis 6½ Uhr frühmorgens, da ich keine andere ganze freie Zeit habe. Am Anfang sah ich diffuse Farben, aber jetzt mehr farbige Landschaften, Menschen, mich selbst oder Körperteile von mir. In letzter Zeit führe ich lautlose Gespräche oder höre in Gedanken Gespräche. Oft habe ich kinetische Halluzinationen mit meinem eigenen Körper; manchmal kommt auch die Zimmerdecke ganz nahe über mich nieder. Oder mein Körper verliert seine Grenzen und geht in die umgebende Unendlichkeit über. (S)

Einer meiner Kursteilnehmer berichtete, nachdem in der Gruppe die Rede von den multisensoriellen Erlebnisweisen gewesen war, folgendes:

Ich sah plötzlich eine Rose vor mir. Da dachte ich: Du könntest auch daran riechen. Ich griff nach ihr und spürte die Stacheln am Stengel, ohne mich zu verletzen, dann roch ich an der Rose. Da war dann auch irgendeine Frucht, Gurke oder Zucchini, ich nahm sie in den Mund, spürte mit den Lippen die Oberfläche, biß hinein und schmeckte . . . (R)

Ein weiteres Beispiel ist interessant im Hinblick auf das Problem des Sinnenersatzes bei entsprechender Behinderung, wie es im Extrem bei Blinden bekannt ist, die ja sehr viel besser und differenzierter hören. Einer meiner Patienten, der sehr kurzsichtig ist und sehr starke Brillengläser trägt, mit deren Hilfe er trotzdem keine Vollsichtigkeit erzielt, erbrachte in der Oberstufe wenig Farberlebnisse, eher Formen. Vieles davon blieb aber undeutlich. Er reagierte auf den gleichen Anlaß wie der Patient im vorigen Beispiel mit multiplen, ihm sehr angenehmen taktilen Gefühlen, ganzheitlich körperlich, dazu mit einigen akustischen Eindrücken von geringer Intensität.

Die Oberstufe, als Aussage des Unbewußten verstanden, muß wie der Nachttraum mit dem sogenannten Tagrest rechnen, eine von Freud erkannte Einwirkung jüngster realer Erlebnisse auf den Traum. Es handelt sich um Erlebnisreste unbewältiger, nicht zuende gebrachter Art, fast immer (negativ) affektbesetzt, mit Unlust abgewehrt. Diese Tagreste schmuggeln sich in den Traum, wo sie natürlich maskiert zuerst nicht ohne weiteres erkannt werden, aber der geübtere Analysand findet sie schon selbst über die Einfälle. Sie fallen eben, da jüngsten Datums, auch vielfach zuerst ein, freilich nicht immer nach solcher Regel. Oft sind gerade sie sehr mit Widerstand gleich Vergessen besetzt und müssen geduldig gefördert werden. In der Oberstufe beobachte ich regelmäßig eine mehr oder minder starke Beteiligung von Tagresten oder, wie man vielleicht allgemein besser sagen sollte, von Erinnerungsfragmenten jüngeren Datums. Sie als solche zu bestimmen ist wichtig, und sie müssen für die Deutung der Oberstufenproduktion mitverwendet werden.

Der oben so ausgiebig zitierte Theologiestudent verstand sich bald sehr gut auf die Fähigkeit, Tagreste und Erinnerungsbilder gegen die Oberstufenproduktion abzugrenzen. Einmal in Grün »schwelgend«, erinnerte er sich an ein Autobahnstück im Hessischen Bergland, durch das er tags zuvor gefahren war. Der Erinnerungsrest muß also herauspräpariert, er darf aber nicht »weggeworfen« werden, denn es ist nicht zufällig, was vom gestrigen Tag übriggeblieben ist. Das Autobahnstück, in dem gewählten

Beispiel hat uns geholfen, einer anderen Spur im Verhältnis zu seiner Verlobten nachzugehen. So bilden Tagreste ebenfalls Mosaiksteinchen in der Interpretation der Oberstufenarbeit. Wenn spontan keine Tagreste gemeldet werden, liegt der Verdacht nahe, daß diese tief verdrängt sind. Es empfiehlt sich, nach solchen Tagresten behutsam fragend zu fahnden.

Im Nachttraum, so lehrt es die Erfahrung vieler Therapeuten, kann es Passagen geben, wo man nicht weiß: träum' ich oder wach' ich? Es gibt im Nachttraum Übergangsgeschichten, Zustände des Halbwachseins, die das Bild verwirren. Gibt es etwas Analoges in der Oberstufe?

Die Oberstufe muß sich beständig abgrenzen gegen den Tagtraum, gegen die schon eingangs ausführlich beschriebene Form halbwacher Fantasien, die – von eigenen Triebbedürfnissen gelenkt – in gebundener Assoziation Lieblingsvorstellungen entwickeln und pflegen.

In der Oberstufe gilt es, sich davon frei zu halten. Jeder soll und darf nach Belieben seinen Tagträumereien nachhängen, wann und wie oft er will. Während der Oberstufe aber stört das Tagträumen ungemein, weil es die Produktion unbewußten Materials behindert und den Übenden zu der Täuschung verführen könnte, er beziehe noch frei aufsteigende Bilder, wo er in Wirklichkeit seine Traumfabrik arbeiten läßt.

Beim geringsten Verdacht, daß diese stets passierbare Grenze überschritten wird, hilft das Zurückgehen in die Unterstufe, die offenbar verflacht war und nur einer gewissen Nachhilfe bedarf. Kurz gesagt: Das Hypnoid muß verbessert, vertieft werden. Dann ist der Zugang zum Unbewußten wieder frei; die Oberstufe in unserer Sprachregelung spricht wieder unvermischt, was sie sagen will.

Oberstufenpraxis als analytische Technik

Wie der Übende »in die Oberstufe kommt«, ist von J. H. Schultz in klassischer Weise beschrieben und von Luthe ausdrücklich als methodisch festumrissener Vorgang bestätigt worden. Eine Erklärung dieses weitgehend invariablen Prozesses und damit wieder des Verhältnisses von Unter- zu Oberstufe des Autogenen Trainings soll im folgenden Kapitel, das sich mit der Theoriebildung beschäftigt, versucht werden. Die Technik der Herstellung der Oberstufe wird in den beiden nachfolgenden Kapitel behandelt.

Wir gehen in diesem Abschnitt davon aus, daß ein Übender bereits »in der Oberstufe« ist; dann beschäftigen wir uns mit der Frage, wie der Übungsleiter oder Therapeut und der Übende in Gemeinschaftsarbeit mit den produzierten Inhalten und, was schon als das Wichtigere daran aufgezeigt wurde, mit der formalen Gestaltung der inhaltlichen Aussagen umgehen soll. Unser Zugang zu dem sinnhaft, vorwiegend optisch, jedoch auch über andere Sinnesgebiete mitgeteilten Material des Unbewußten im Übenden ist die im ganzen unabgewandelte psychoanalytische Technik des Erinnerns, Wiederholens und Durcharbeitens. Bei diesem Vorgehen nimmt der Therapeut die Haltung der sogenannten »freischwebenden Aufmerksamkeit« ein. Das will besagen, daß der Therapeut im Anhören dessen, was der Übende oder der Patient aus seinem Oberstufenerlebnis berichtet, sich weder an eigenen Voraussetzungen noch an solchen beim Übenden orientiert. Er ist unvoreingenommen. Er erwartet nichts Bestimmtes. Er nimmt das, was der Patient berichtet, wie in der klassischen Psychoanalyse ganz unpointiert ernst als Aussage eines Menschen, dessen Unbewußtes sich eben ausspricht, ganz gleich, was im Verlauf dabei noch herauskommen wird. Der Therapeut in freischwebender Aufmerksamkeit hat auch keine Voraussetzungen bei sich zu dulden. Das läßt sich m. E. am besten daran verdeutlichen, ob der Therapeut für angebotene Inhalte gewisse Verständnisraster allgemeiner Art bereit hat. Wenn er also auf die Nennung einer Farbe in seinen eigenen Regalen einer psychologisch-physiologischen Farbtheorie kramt, hört er auf, freischwebend zuzuhören, sondern er richtet, selbst unbewußt und unkontrolliert, seine *gespannte* Aufmerksamkeit darauf, was auf dieser Rille einer nun für *ihn*, den Therapeuten, ablaufenden Platte weiter »herauskommt«. Hier wäre die analytische Interpretationstechnik der Oberstufe schon zuende, bevor sie noch eigentlich angefangen hat. Es kommt eben weniger darauf an, ob der Therapeut ein »Aha«-Erlebnis gewinnt, vielmehr soll dieses (muß aber nicht) beim Übenden oder Patienten eintreten.

Der Übende berichtet nach der Einzel- oder Gruppensitzung über Übungen zu Hause mündlich und oft auch schriftlich, was er »gesehen hat«. In solchen Berichten kann jedes Wort eigenes Gewicht haben. Erst wenn der Übende seinen Bericht beendet hat, sind Fragen am Platz, die Verschiedenes bewirken sollen. Zuerst soll der Therapeut eigene Unklarheiten bei der Aufnahme des Berichts beseitigen. Man fragt nach, um sicher zu sein, daß man ihn richtig verstanden hat. Dann sind Fragen zu stellen, wenn im Bericht auffällige Unentschiedenheiten zutage getreten sind, etwa in der Bezeichnung von Details, in der Schilderung eines Hergangs und in Wiederholungen, Verbesserungen, Korrekturen des eben Gesagten. Der Therapeut hat ein wohlausgewogenes Vokabular möglichst nicht-suggestiver Fragen bereit. Das Fragen ist ein Anbieten, ein Infragestellen dessen, was berichtet wurde, aber nicht im Sinne einer fragwürdig machenden Glaubhaftigkeit des Erzählten, sondern in dem Sinne, daß der Therapeut den Übenden anleitet, sich und sein Erlebnis hinsichtlich der Deutlichkeit und der Eindeutigkeit zu hinterfragen. Infragestellen im analytischen Sinne ist kein Abwerten und kein Außer-Kurs-Setzen, sondern eine Aufwertung der Fähigkeit beim Übenden in der Oberstufe, sich im Schutze des Therapeu-

ten daran zu machen, die Aussagen des eigenen Unbewußten ab-
wägend, hinhaltend, »abschmeckend-kostend« auf Doppelsin-
nigkeit, Hintersinnigkeit zu untersuchen – aber dies alles in der
fundamentalen und durch nichts zu ersetzenden Fragebereit-
schaft: Was fällt mir dazu ein? Weder der Therapeut noch der
Übende kann »vom Blatt« ein Oberstufenprotokoll lesen und
interpretieren. Da ein mündlich oder schriftlich eingereichtes
Oberstufenprotokoll die gleiche Rangstellung hat wie der sogenannte manifeste Trauminhalt, kann man auch in der Oberstufe
zum latenten Erlebnisgehalt in Analogie zum latenten Trauminhalt des Nachttraumes nur mit Hilfe der freien Einfälle gelan-
gen.

Die freien Einfälle, zu Unrecht als schwierige Technik ver-
schrien, sind nichts anderes als die frei, ungesucht und ungelenkt
dahinziehenden Gedanken eines (am besten körperlich ruhen-
den) Menschen in verschiedenen Verfassungen seines aktuellen
Lebens. Daß die analytische Sitzung mit ihrem gleichbleibenden
Ritual diesen Vorgang der freien Assoziation fördert, ist bekannt. Es wurde schon darauf hingewiesen, daß die freien Einfälle zur Oberstufe in einem gewissen Standard ja im Rahmen einer aktuellen Situation stattfinden, nicht zu vergessen, daß die
Entspannung einer vollständigen und sehr gut ausgeführten Unterstufe sowie das Verweilen in der Oberstufe bis zu einer Stunde
vorausgegangen sind. Die Produktion freier Einfälle zu den frei-
aufsteigenden Bildern der Oberstufe werden also in dem ganzen
Übungsritual außerordentlich gefördert und begünstigt. Diese
freie Einfallstätigkeit in der Oberstufenarbeit nicht zu nutzen,
wäre ein unverzeihlicher Verzicht auf geschenktes Material. Die
Förderung der freien Einfallstätigkeit im nachfolgenden Gespräch mit dem Übenden ist ein wesentliches therapeutisches
Element der Oberstufenarbeit. Die typische Frage des Therapeuten »Was fällt Ihnen dazu ein?« richtet sich immer auf ein an-
schauliches Detail, mit dem sich der Übende spontan befaßt. Es
kommt darauf an, ihn von eigenen, vorschnellen und nur ratio-
nal-folgerichtigen Erklärungsversuchen abzulenken zugunsten

einer Anreicherung des Unbewußten in der gegebenen Darstellung mit ebenfalls dem Unbewußten oder dem Vorbewußten entstammenden neuen Inhalten in Form freier Einfälle, wobei die Verknüpfung solcher Materialien aus verschiedenen Schichten und Bezirken selbst neuen Anreiz zu Einfällen bieten. Sich etwas einfallen zu lassen, muß gelernt werden. Der Therapeut kann dieses Lernen nur unterstützen, wenn er selbst sich nicht zu früh auf Deutungen einläßt, so nahe sie ihm auch liegen mögen. Einfälle fördern kann der Therapeut immer wieder nur mit Angeboten, Alternativüberlegungen, unmißverständlichen Zeichen des Verstehens, ermunternden Worten oder lautlichen Äußerungen, die dem Übenden das sichere Bewußtsein erhalten, daß er in Begleitung eines Erfahrenen nunmehr auch Wege geht, die ihm allein von sich aus »nicht eingefallen wären«.

Was dem Übenden zu seinen Oberstufeninhalten einfällt, ist in dem strikten Sinne »richtig«, als es von ihm selbst stammt und vermutlich in einem, wenn auch noch verborgenen Zusammenhang mit dem steht, was die Oberstufe hervorgebracht hat. Der in der Oberstufe Übende ist der Maßgebende im genauen Wortsinn: Er bestimmt das Maß dafür, was zum sichtbar Gewordenen offensichtlich einsehbar, einsichtig zu machen ist. Der Therapeut geht weniger voraus als nebenher und stellt Weichen. Er kennt den Fahrplan. Er ermuntert zum Erinnern, zum Dazufinden von längst Vergessenem oder erst jüngst Vorgefallenem, er nimmt neue spontane Angebote des Übenden, seine Einfälle und Erinnerungen auf, verknüpft sie mit schon Bekanntem, fragt nach, ob Anderes vertrauter, verständlicher wird; er beharrt dort, wo der Übende im unbewußten Widerstand ausweichen will. Der Trainer-Therapeut mit analytischer Ausbildung vermag zu erkennen, wo im Durcharbeiten einer Oberstufenproduktion der Widerstand sich naheliegender Rationalisierungen bedienen will, wenn die verdrängten, aber in der Oberstufe sichtbar gewordenen Inhalte dem Bewußtsein ferngehalten werden sollen. Schließlich gehört nach dieser Erfahrung der Oberstufenarbeit als analytische Technik auch die von der klassischen Psychoanalyse her bestens bekannte Eingabe in die gemeinsame Durcharbeitung und schließlich in die Deutung hinein, was mit der Mehrfachdeterminierung von Inhalten gemeint ist. Geschult in analytischer Behandlungstechnik, wird der Therapeut sich nicht ohne weiteres mit einer gefundenen Erklärung zufriedengeben, sondern nachfragend abklären, ob im gedeuteten Detail nicht noch Anderes sichtbar wird. Das Traumbild und das Oberstufenbild vereinigen fast mehrheitlich, wie in einem Schnittpunkt, mehrere Aussagen in einem Bild. Auf diese Analytikern sehr vertraute Tatsache kann hier nicht näher eingegangen werden. Ich habe immer wieder bestätigt gefunden, daß ein aus der Oberstufe entnommenes bildliches Detail die Bedingungen der Mehrfachdeterminierung erfüllte.

So verstandene Oberstufenarbeit ist abgewogener Wechsel im Stützen und Fordern, ist Anleiten und Gewährenlassen.

Wann soll man in der Oberstufe deuten? Wieviel Deutungsarbeit ist überhaupt nötig oder gut?

Als vorgegebene Einschränkung gegenüber der regulären psychoanalytischen Einzelbehandlung mit ihrem größeren Stundenaufwand und damit mehr Deutungsgelegenheiten muß man sich für die Oberstufe eine generelle Deutungsaskese auferlegen. Das muß nicht ohne weiteres eine Einbuße an therapeutischem Ertrag sein. Weniger ist hier oft mehr und sicherer im Hinblick auf die größeren Zeitintervalle zwischen den Sitzungen im Vergleich zu einer regulären Einzelanalyse. Ich deute erst, wenn der Übende deutlich macht, daß er selbst nahe an eine Einsicht gelangt ist, selbst aber nicht weiterkommt. Ich versage mir, ganz besonders in Gruppen, jedes eigene Deutungsbedürfnis. Nie darf der Therapeut in der Oberstufe sagen: »Das ist so und so, aus diesem und jenem Grund!« Das wäre auch keine Deutung im analytischen Sprachverständnis, sondern eine aufgezwungene Sinnerklärung, deren der Patient nicht bedarf.

In der Oberstufenarbeit wird etwas sichtbar, was ich die »therapeutische Arbeitskapazität in Bereitschaft« nennen will. Es ist gut für den Übenden, wenn sein Therapeut einiges sieht, ohne es zu deuten, und wenn er daraus für seinen Patienten weitere therapeutische Konsequenzen zieht, unter denen das Angebot einer intervallären Einzelstunde (bei Gruppen) oder generell einer Verstärkung der Stundenfrequenz durch eingelegte Stunden außer der Reihe den Vorzug hat. Der Patient in der Oberstufe benötigt gar kein hochgestelltes und intellektuell auffrisiertes Verständnis der Methode als tiefenpsychologisch fundierte Therapie, wenn nur sein Therapeut als Analytiker in der für ihn verpflichtenden Abstinenz arbeitet und seine therapeutische Reserve in guter Kontrolle seiner Gegenübertragung auf den Patienten fallweise lockern kann.

Ein Theoriemodell als Alternative

In meiner bisherigen Darstellung habe ich an zwei Punkten kritisch angesetzt: Die Aufteilung des Autogenen Trainings in Unter- und Oberstufe ist keine Fortsetzungsarbeit im Stile von Anfänger- und Fortgeschrittenen-Kursen; das in der Oberstufe geförderte Material aus dem Unbewußten des Übenden ist kein Übungsstoff, der leistungsorientiert in Stufenschritten durchmessen und zu höchster Vollendung gebracht werden soll. J. H. Schultz hat vor bald fünfzig Jahren bezüglich der Oberstufe Neuland betreten. Er hat durch viele interessante Experimente herausgefunden, was man anstreben kann und was dabei herauskommt. Weiteres hat er in dieser Richtung seit etwa 1930 selbst nicht mehr unternommen. Sein Schüler K. Thomas hat die Experimentalbefunde des Meisters für therapeutisch-pragmatische Rezepte gehalten, und seine Exerzierschritte in der Oberstufe, wie er sie versteht, führten dementsprechend geradewegs zurück in die Heterohypnose. W. Luthe verdanken wir die subtile Systematik des Inhaltlichen in der Oberstufe, und er war es auch, der den graduell-optimierenden Stufenprozeß als einen Differenzierungsvorgang erkannt und beschrieben hat. Vom Stufenmodell als solchem hat er sich jedoch nicht gelöst, weil ihm die Subsumierung auch der Oberstufe (Meditative Training) unter seine monistische Theorie der »Autogenen Neutralisation« allenfalls einen nahen Bezug der Oberstufe zum Unbewußten, nicht aber deren Herleitung aus dem Unbewußten möglich macht. Eine Alternative zum Stufenschema der Oberstufe soll in diesem Kapitel dargestellt werden. Als Ausgangspunkt wird die mit Schultz und Luthe gemeinsame Basis gewählt, die vorschreibt, daß zum Erlernen der Oberstufe eine vollständige, sichere »und prompte Beherrschung« (Schultz) der »allgemeinen

Technik der Unterstufe« vorausgesetzt werden müsse. Luthe fordert »gründliche Beherrschung« (»thorough mastery«) der Unterstufe. Ich besitze Erfahrung damit, daß eine reguläre Oberstufe auch auf der Basis einer absolut korrekt hergestellten Funktionellen Entspannung nach M. Fuchs möglich ist*. Deshalb kann ich so ausschließlich nicht eine einfache Forderung fortschreiben: Keine Oberstufe ohne meisterhafte Unterstufe, genauer definiert: Oberstufe gelingt als eigenständige Äußerung neben Nachttraum und freiem Einfall und abgegrenzt gegen den Tagtraum methodisch korrekt, wenn eine Einengung und Absenkung des Bewußtseins vorgenommen wurde. Diese Fokussierung ist regulär erreichbar durch eine vollständige Unterstufe im Sinne der »Organismischen Umschaltung« nach Schultz. Andere Zugangswege zur Oberstufe sind nicht ausgeschlossen, wenn die Voraussetzung der Bewußtseinsfokussierung auf somatische Binnenerlebnisse gegeben ist.

Das Verhältnis der Unterstufe zur Oberstufe ist schematisch dargestellt in Abbildung 1. Ein einfaches, weithin bekanntes Koordinatensystem zweier Variablen (x und y) veranschaulicht die Größen von Bewußtseinsbreite (x) und Bewußtseinshöhe (y). Logischerweise müßte das Modell dreidimensional dargestellt werden, weil es in seinen jeweiligen Werten für x und y auch räumlich-strukturell aussagefähig ist; es gibt aber keinen Anhaltspunkt dafür, daß die Raumstruktur regulär kubisch oder kugelig usw. sein muß. Außerdem gelten alle Werte für x und y nur für konkrete Zeitpunkte, nicht generell für ein Individuum oder gar überindividuell typisch. Das Modellbild ist also eine gewollte Vereinfachung zur Darstellung der Fokussierung von Bewußtseinsbreite und Bewußtseinshöhe im Verlauf der Unterstufe.

Auf einer beliebig angenommenen, für den Augenblick geltenden Bewußtseinshöhe mit einem positiven y-Wert setzt bei ebenfalls beliebig anzunehmender Bewußtseinsbreite mit der

---

* Rosa, K. R. u. Rosa-Wolff, L.: »Psychosomatische Selbstregulation. Grundlagen und Technik der Funktionellen Entspannung!« Stuttgart 1976.

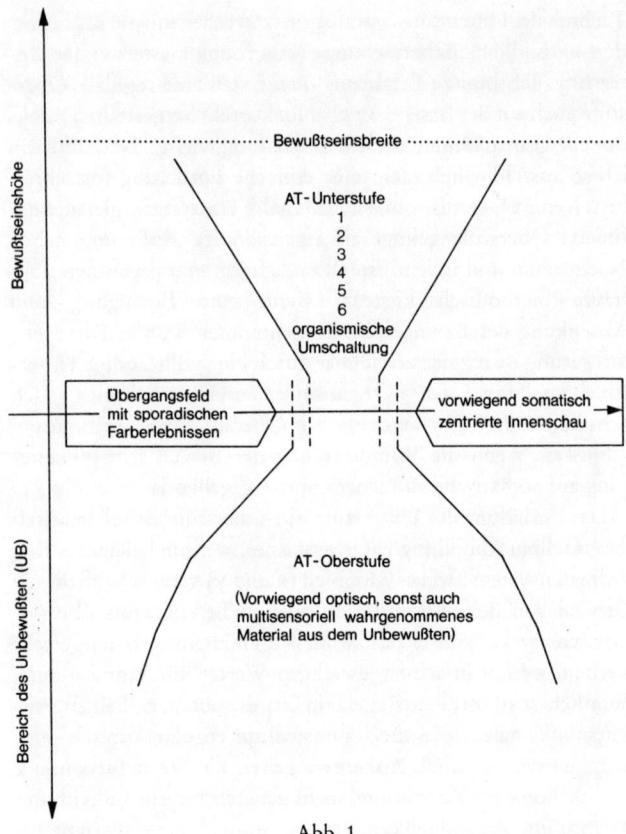

Abb. 1

Das Verhältnis von Unter- und Oberstufe des AT in bezug auf das Bewußtsein (gesenkt und eingeengt) in der Unterstufe und in bezug auf das Unbewußte, aus dem die Bilder der Oberstufe aufsteigen.

Formel $x^2 - x^1$ zu Beginn des Trainings ein Einengungsprozeß ein, der mit der Abnahme des y-Wertes gekoppelt ist. Es entsteht im Durchlaufen aller Einstellungen der Unterstufe bis zur organismischen Umschaltung eine irgendwie gestaltete Trichterfigur als Ausdruck für die gleichzeitigen Einengungen des Bewußtseins auf die Leibsphäre des Übenden, verbunden mit der Resonanzdämpfung nach außen und der Absenkung des Bewußtseins. Die Differenz der beiden aktuellen Eckwerte für x wird kleiner, das dazugehörige y geht gegen Null.

Die Grenze der Aussagefähigkeit dieser Graphik ist erkennbar: x^1 und x^2 können niemals den gleichen Wert annehmen, ebensowenig wird y jemals Null. Die Trichterfigur deutet den chronologisch konformen Vorgang einer Einblendung (Fokussierung) des Bewußtseins auf begrenzte Inhalte bei anders skalierten Wahrnehmungsschwellen an. So erreicht der Übende in der Unterstufe einen Bereich, den wir im Schaubild als Übergangsfeld markiert haben. Dieses ist definiert durch die geringe Breite des Bewußtseins und erniedrigte Wahrnehmungsschwelle. Der Übende ist gewissermaßen feinjustiert auf die diskreten Wahrnehmungen aus seinem Körper, was bei so gesenkter Reizschwelle nur mit Hilfe völliger Abschaltung zum Draußen, Außerkörperlichen, Nicht-Ich möglich ist. Für eine solche Binnensensorik ist keine Bewußtseinsbreite mehr erforderlich. Der noch mangelhaft Übende wird ja gerade durch zuviel Bewußtsein von sich abgelenkt. Die untere Trichteröffnung geht ohne scharfe Grenze mit einer anderen Öffnung in einen Bereich über, der bei erneut dehnbarer x-Spanne durchweg negative y-Werte hat. Da das Schema keinen Anspruch erhebt, grundsätzliche Aussagen über das Verhältnis des Bewußtseins zum Unbewußten zu machen, schadet es nichts, wenn wir nur anschaulich machen wollen, daß der AT-Trichter der perfekten Unterstufe mit organismischer Umschaltung einen Zugang zum Unbewußten schafft. Immerhin lehnt sich unser Schema an die Vorstellung an, daß das Unbewußte ständig in tieferen und tiefsten Bereichen unseres Bewußtseins ruht und aus diesem aufsteigen kann, was therapeutisch in den tiefenpsychologischen Behandlungstechniken angestrebt und gefördert wird. Was wir nach psychoanalytischem Sprachgebrauch »ins Bewußtsein heben«, darf in dem betont vereinfachten Modell als ein unter der x-Achse liegender Bereich mit mathematischem Minus-Ypsilon angeschaut werden.

Und um das Anschauen geht es uns ja gerade in der Oberstufe. Es ist nicht verwunderlich, wenn durch die Trichteröffnung wohldurchdachter AT-Technik eingeblendet, gerichtet, aber auch ungerichtet, jedenfalls gebündelt und abtastend wie der Elektronenstrahl im Oszillographen sich unser Selbst in der speziellen Technik der Oberstufe abrastern läßt! Der Blick durchs Schlüsselloch in die verschlossene Kammer des Unbewußten? Selbstüberlistung mit der sofortigen Möglichkeit erneuten Selbstbetrugs?

Eine beliebig häufige und intensive Beschäftigung mit dem eigenen Unbewußten aus der jeweiligen Bewußtseinslage heraus ist nicht möglich. Im Nachtschlaf ist eine unfokussierte allgemeine Senkung des Bewußtseins typisch; wir könnten es, in unsere Abbildung eingetragen, als breit heruntergelassene Schwelle oberhalb der x-Achse darstellen, also mit einem minimalen y-Wert.

Somit wird die Funktion der Unterstufe als Vorbereitung für die Oberstufeneinstellung ganz deutlich. Die Senkung des Bewußtseins reicht in Bereiche hinab, die an der Einschlafgrenze liegen, wie jeder im Training Erfahrene aus Einzelbeispielen weiß. Die Einblendung oder Einengung auf die Wahrnehmung nur der eigenen Leiberlebnisse schafft zugleich den kleinen Fokus, den Brennfleck gesammelter Aufmerksamkeit nach innen, den wir brauchen, um (ohne zu schlafen) Wahrnehmungen aus dem Unbewußten registrieren und behalten zu können.

Im Übergangsfeld kleiner Plus-Minus-Werte des Ypsilons gehen während des Trainings die Prozesse vonstatten, die teilweise der Unterstufe, teilweise der Oberstufe zugerechnet werden. Es lassen sich schon in guter Unterstufenarbeit spontan Farberlebnisse beobachten, und entsprechend sind im Oberstufentraining immer wieder rein leibliche Erlebnisse harmonischer Gestimmtheit häufig, wobei besonders an die Verstärkung der Unterstufenerlebnisse, wie Schwere, Wärme, Plexuswärme u. a. erinnert sei. Nach dieser Vorbereitung ist der Einstieg »in die Oberstufe« nicht nur dem bildlichen Vorstellungsgehalt nach, sondern auch wegen der weiteren Technik eine andere Sache, als sie mit der Bezeichnung »gehobene Aufgaben« ausgewiesen war. Wer Schwere und Wärme generalisiert hat, Puls und Atem als konkretisierte Ruhe, Plexus als wohltuende Neuzentrierung erfahren hat und den Kopf »kühl abkonzentriert« (Schultz), der hat mit Farben, die er spontan oder auf Anweisung hin produziert, keineswegs »mehr geschafft«, sondern ist nur an eine neue Stelle gelangt. Er ist dort, wohin er willentlich nicht gekommen wäre. Was z. B. rot ist, das kann jeder sofort erinnern und sich vorstellen. Aber es leibhaftig, ungerufen sehen, buchstäblich vor Augen haben, es aus dem vorherigen Dunkel sich herausentwickeln sehen, das ist ein nur der Oberstufe eigentümlicher Vorgang.

Der bisherigen Darstellung war zu entnehmen, daß Farberlebnisse zu den ersten Aufgaben gehören, die alle genannten Autoren im Anfang des Oberstufentrainings stellen. Von der Eintonfarbe bis zu dem sogenannten bunten Cinerama nach Luthe gibt es mit Übergängen farb- und gestaltreiche, szenische und mit Personen belebte Handlungsabläufe. Ist die Eintonfarbe regelmäßig Ausgangspunkt einer Stufenleiter?

Stellen wir noch einmal gegenüber:

Schultz: »Als Ansatz . . . zunächst die Aufgabe, in tiefgetriebener Versenkung irgendeine gleichförmige Farbe vor dem geistigen Auge erscheinen zu lassen.« (Lehrbuch, S. 231) Luthe: »After a period of two to four weeks of training, the trainee will spontaneously start to ›see‹ first a mixture of variable chromatic phenomena and finally a particular color which dominates his ›visual field‹« . . . Das heißt frei übersetzt: »Nach einer Trainingszeit von zwei bis vier Wochen wird der Trainierende spontan beginnen, zuerst ein Gemisch von veränderlichen farblichen Phänomenen zu ›sehen‹ und endlich eine einzelne Farbe, die sein Gesichtsfeld beherrscht.« (*Methods*, S. 154)

Beide Autoren bestehen also auf der Eintonfarbe als Basisergebnis. Schultz verlangt sie direkt, Luthe gewinnt sie auf dem Umweg über die Farbmischung, aus der heraus sie sich, das ganze Gesichtsfeld beherrschend, durchsetzt.

Interessant ist, daß aber die mitgeteilten Protokolle in beiden zitierten Werken über die angegebenen Seitenzahlen hinaus von initialer Eintonfarbe nichts mehr vermerken, wenn dem Übenden differenziertere Aufgaben gestellt werden. Es lohnt sich, bei Schultz die Seiten 232 bis 257, bei Luthe in den *Methods* die Seiten 154 bis 174 durchzuarbeiten. Ganz willkürlich herausgegriffen hier kurz zwei Beispiele:

Die Aufgabe lautet »Freiheit« – Patient sieht hintereinander: Ein schönes, weißes Pferd, das aus einem Pferch ausbricht und sich galoppierend entfernt. Einen Redner an seinem Pult. Offene Türen. Marschierende Soldaten. Spielende Kinder. – Der Patient gibt zu den Inhalten die Freiheits-Bedeutungen. (Luthe, S. 162)

Die Aufgabe lautet: »Was ist mein Weg?« – Patientin sieht sich auf schlecht gepflasterter Straße; der Weg wurde immer schlechter, schließlich war es eine Treppe (ausführliches Protokoll über zunehmende Erschwerungen). Dann aber: »Plötzlich öffnete sich mir zur rechten Seite eine Flügeltür zu einem hohen, weiten Saal in Weiß und Gold, der festlich erleuchtet, aber menschenleer war.« Patientin wollte ein Konzert mit Beethovens fünfter Sinfonie hören ... »Da gewahrte ich neben der Flügeltür wieder die Treppe ...« Das sehr lange Protokoll endet visionär im Weltraum. (S)

Aus diesen beiden wie aus allen anderen Beispielen der Autoren ist nicht ersichtlich, ob die Übenden von sich aus nur das wiedergaben, was als Übung »aufgegeben war«, oder ob die Autoren einen etwaigen Vorspann mit anderen Oberstufeninhalten für die Publikation weggelassen haben. Von Schultz weiß ich selbst, daß die Durchnahme der sieben aufeinanderfolgenden Pensen tatsächlich das Interesse auf die neueste Lektion richtete. Ich zitiere zum Vergleich als eigenes Beispiel noch einmal den Protokollanten mit der Kutsche:

Aufgabe »Hoffnung« – Patient berichtet: Eine weiße Taube –
oder ein Adler? – mit einem grünen, dann goldenen Zweig.
(Am folgenden Tag): Kreuzförmige Strukturen. (Am folgenden Tag): Ein Rosenquarz mit einem geschnitzten Elfenbein-
bild darauf, oval, in Silber gefaßt, als Fingerring . . . blaurot
von links, eine Ecke ragt herein, die scharfe Ecke, die ich immer fürchte. Der blaurote Fleck wird immer größer, schlägt in
Blaugrün um. Andeutung eines poppigen Kreis-Quadrat-Mu-
sters mit vierflügeligem Ventilator drin. Andeutung eines großen Halbovals, flüchtige Assoziation von Geborgenheit.

Ich erwähne das Stichwort Hoffnung nicht mehr, und der
Patient bringt am folgenden Tag dieses: Intensiv leuchtende
farbige Streifen, Andeutung eines Kreises mit konzentrischen
blauen und grünen Stufen, perspektivisch gesehen; im Zentrum steckt eine Art Pfeil mit gefiederter grüner Spitze. (R)

Gleichgültig, ob die Probanden von Schultz und Luthe in den
angeführten Beispielen von der Produktion der sogenannten abstrakten Objekte (Begriffe) Farb- und sonstige Phänomene gesehen hatten, zeigt der Vergleich aller drei ausgesuchten Beispiele
aufschlußreiche Details. Die Patientin von Schultz macht sich im
Sinne der vorgegebenen Formel »auf den Weg« und reproduziert
offensichtlich ihre gelebte Realität. An der Stelle, wo sie sich zum
erstenmal befreien und der Formel entgehen will, sieht sie als
Farbe Weiß und Gold, Flügeltüren, einen großen Raum, erwartet
Beethovens Fünfte zu hören usw., wird aber erneut in den Bann
der gestellten Aufgabe gezogen und steigt weiter ihre Treppe
hinauf, um sich endlich in der Vision des ungebremsten Wunsch-
träumens selbst zu erlösen und aus der Welt zu entfliehen.

In Luthes Beispiel liefert ein fantasiereicher Schüler auf das ge-
gebene Stichwort vieles, was zu Freiheit »paßt«. Es ist eine ge-
bundene Assoziation auf das Reizwort hin, bildhaft transfor-
miert, offensichtlich eine gelungene Imagination. Ich bin jedoch
skeptisch, ob in diesem Fall das ablief, was ich gern Oberstufe
nennen möchte.

Ich habe meinem Patienten das Stichwort nicht gegeben, er hat es sich auf meine übliche Instruktion – »Man kann auch einen abstrakten Begriff inhaltlich vorstellen, es mag aber kommen, was will« – selbst gewählt. Dabei zeigt er schon in den ersten Worten die Ambivalenz Taube-Adler, dann die Sukzession grünergoldener Zweig. Er arbeitet unaufgefordert noch an den zwei folgenden Tagen mit dem Begriff »Hoffnung« und gerät in vielfachen Farb-Form-Details vom dekorativ-subtilen zum geometrisch-perspektivischen Inhalt. Gefühlsregungen wie »scharfe Ecke« und »Geborgenheit« kommen auf. Die Meditation des Hoffnungsbegriffs zeigt beim Patienten die affektiv besetzte Unausgewogenheiten eines Hängens zwischen Hoffnung und Hoffnungslosigkeit. Das haben wir assoziativ in der darauffolgenden Einzelstunde weiter bearbeitet.

Drei Beispiele – drei Weisen des Umgangs mit Möglichkeiten der Oberstufe: Die eine geht, ausdrücklich aufgefordert, den Weg, den sie in seiner Mühsal kennt. Wo sie ankommen könnte (Konzertsaal), treibt sie der dem eigenen Zwangscharakter aufgesetzte formelhafte Vorsatz weiter auf die Treppe. Verdrängung und Flucht sind der Spielausgang. Der andere liefert, was verlangt wird, in hübscher Sortierung. Eine innere Auseinandersetzung ist (jedenfalls im veröffentlichten Protokoll) nicht erkennbar. Der dritte wählt (zufällig?) einen Begriff, den er nicht in den Griff bekommt. Weder Taube noch Adler sind Hoffnungssymbole, vielmehr rechte Gegensätze. Aus dem grünen (Friedenszweig?) wird der goldene Zweig, und wir erinnern uns der in Umsetzungsphasen doch golden-grün gewordenen Kutsche. Aus Halbedelstein und Elfenbeingemme werden starre geometrische Figuren, grell blau-grün nebeneinander. Im Zentrum steckt ein Pfeil . . .

Das genaue Studium der Hauptliteratur über die Oberstufe, die ich hier kritisch referiere und mit meinen eigenen Erfahrungen und Vorstellungen beständig umsetze, zeigt:

1. Es ist mit unterschiedlichen Techniken bis zu einem gewissen

Grade möglich, einer ausgewählten Zahl von gut vortrainier-
ten Personen in sieben Lektionen beizubringen, daß sie optische Phänomene von der Uni-Farbe bis zum bunten Cinerama (bewegte Szene) und auch mit Selbstbeteiligung im
geschauten Ablauf produzieren.

2. Es ist nicht steuerbar, daß die sieben Stufen autogen vollständig nacheinander erscheinen. Thomas und andere lassen sie
heterosuggestiv aufeinander folgen.

3. Die Übenden reproduzieren aus flacheren Schichten ihres
Vorbewußten und aus dem vollen Bewußtsein heraus kopie-
gerechte Abbildungen ihrer Probleme (»Mein Weg«) oder lie-
fern auf Reizworte Bildtexte, Symbolzeichen oder Allegorien.

4. Die Übenden erfahren somit teilweise das, was sie ohnehin an
sich kennen und selbst deuten, oder genauer: erklären; teilweise empfangen sie aber Rätsel, die sie selbst nicht lösen können und die ohne analytische Bearbeitung Rätsel bleiben.

Das Angebot einer gestuften Didaktik erscheint jetzt fragwürdig,
wenn offenbleiben muß, ob der Stufengang im Einzelfall und
weiterhin wahlweise in jedem gewünschten Therapiefall wiederholbar ist.

Luthes ausgefeilte Systematik der sieben Stufen (»stages«) läßt
sich inhaltlich kaum ergänzen oder erweitern. Ich finde darin alles gesammelt, was meine Schüler und Patienten unsystematisch,
jeder für sich und aus sich heraus mir erzählt oder schriftlich
protokolliert haben. Vom Inhalt her übernehme ich diesen Bestand – aber warum müssen es »stages«, Stufen, sein?

Ich sehe das Luthesche Material der Oberstufe in sieben Bereichen einander zugeordnet, wobei eine Überschneidungsfigur
herauskommt, die in Abbildung 2 nachgezeichnet ist.

Eine durch Doppelumrandung hervorgehobene Kreisfigur in
der Mitte symbolisiert die Luthesche siebte Stufe. Ich zögere
nicht, als siebten und zentralen Bereich dem von Luthe so klassi-
fizierten Cinerama die einzige Sonderstellung einzuräumen, die
in meinem Modell möglich ist. Rundherum in gleich großen, sich

72

in gleichen Überschneidungsfiguren zu einem Ganzen aus paritätischen Teilen zusammenschließenden Kreisen sind die Luthe-Stufen I bis VI so angeordnet, daß je zwei von der Differenzierung her sehr verwandte Bereiche sich beliebig austauschen lassen. Der Zentralbereich schließt Teile aus den übrigen sechs Bereichen ein. Monochrome (I) oder polychrome (II) Farberlebnisse sind die häufigsten, aber nicht die einzig möglichen Einstiege in die Oberstufe. Anstelle der Farberlebnisse sind optische Phänomene der Luthe-Stufen III und IV häufig als Einstieg in das Oberstufentraining. Ein solches »Überspringen der Farbe« beobachte ich dann, wenn der Übende schon anderweitig gezeigt hat, daß es ihm schwerfällt, Gefühle zu äußern. Wenn man nicht

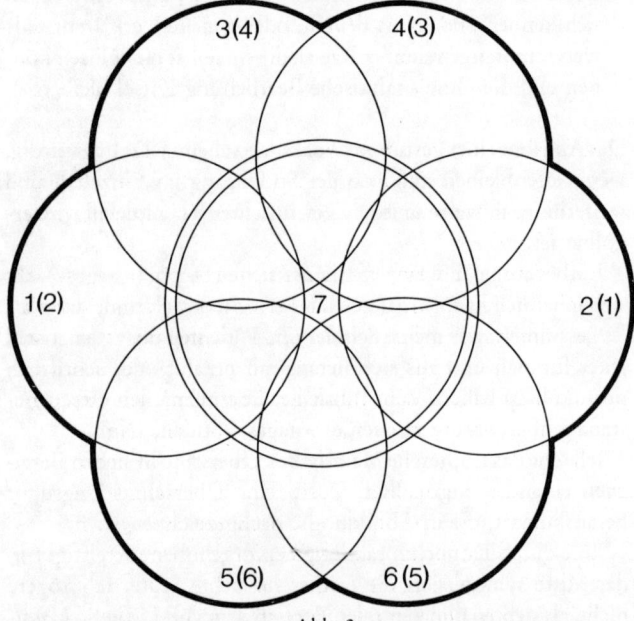

Abb. 2

Ineinandergreifen von sieben Bereichen der AT-Oberstufe in Anlehnung an die sieben Stufen (»stages«) bei W. Luthe.

darauf beharrt, daß die Trainierenden *unbedingt* zuerst Farbe bringen müssen, bildern sie spontan, wie z. B. dieser Mann:

Erst nichts. Dann auf einmal eine Art Bergwiese, ein Steilabfall nach unten, man sah nicht, wie tief es da hinunterging, dann galoppierte auf einmal ein Reiter den Hang hinauf . . . (R)

Die Nachprüfung ergab, daß es sich hier nicht um Tagreste oder weiter zurückliegende Erinnerungen an einen Urlaub im Gebirge oder ähnliches handelte.

Eine genauere Unterscheidung, ob die Inhalte den Bereichen III oder IV zuzuordnen sind, ist für die praktische Arbeit in der Oberstufe ohne Nutzen. Die Bereiche V und VI aus dem Katalog von Luthe sind ihrerseits wohl austauschbar, aber insgesamt sicher noch schwerer im Einzelfall voneinander zu unterscheiden. Sie sind auch als Einstieg kaum bekannt. Genaueste Nacherzählung läßt meist erkennen, daß diesen freilich frappierenden Einstiegen »mitten hinein« kleine, unscheinbare Farbtönungen vorausgegangen sind. Die Geübteren in der Oberstufe stimmen sich ja damit ein, daß sie sich farblich »eintönen«, »einfärben«.

Vielerlei Oberstufentraining, das ich veranstaltet und vorerzählt oder protokolliert durchgearbeitet habe, bringt nach abgerundeter Unterstufe und ein bißchen Farbspiel als kleine Vorbereitung ein Sich-Fertigmachen zum Eigentlichen, dann sehr schnell eine unverkennbar problemgeladene Bildnerei, nicht selten intervallär unterbrochen durch neue Farbintermezzi. Einer der häufigsten Oberstufenverläufe geht von Bereich I oder II direkt zu III oder IV, wobei die beiden letzteren noch untereinander ausgetauscht werden. Oft bleibt es dabei. Andere sehen nach kurzer, flüchtiger Farbe oder nach Farbäquivalenten (Schwarz-Weiß, Licht, Schattierungen) sogleich Objekte, Räumlichkeiten, Landschaften.

Die meisten regelmäßig oder wenigstens von Zeit zu Zeit ausgeführten Oberstufenübungen bleiben »randständig«, wenn man sich nach dem abgebildeten Modell orientiert. Da die Übenden solcher Oberstufenverläufe, von denen ich immer mehrere in Abständen kontrolliere, mit ihren Ergebnissen sehr zufrieden sind, stellte sich mir schon sehr früh die Frage nach der für den jeweiligen Patienten oder Schüler gültigen Wertskala seiner Oberstufe.

Anhand meines Modells der maulbeerförmig konfluierenden Kreisanordnungen kann kenntlich gemacht werden, daß ein äußerlich bescheiden anmutendes Oberstufenergebnis sehr ergiebig sein kann, wenn nur die Möglichkeit besteht, das Wenige mit Hilfe von Assoziationen durchzuarbeiten.

Da im Unbewußten alles das angetroffen werden kann, was Luthe katalogisiert hat, ist das jeweils Aktuelle in einem Oberstufentraining das zuerst Wichtige und Wesentliche am Inhalt. Die formale Zuordnung, die zeitliche Abfolge des Auftretens der Details und ihre gegenseitige Ablösung lassen sich in das Maulbeermodell eintragen, ohne den Eindruck entstehen zu lassen, daß etwas fehlt. Die monochrome Farbe, zu gewisser Zeit bei einem gewissen Menschen produziert, kann höheren Aussagewert haben als ein noch so buntes Geschehen. Immer ist das Oberstufenprodukt ein Rohmaterial aus dem Unbewußten, das unvorhersehbar reichhaltig sein kann. Die tatsächliche Ausbeute ist abhängig von dem Ausmaß assoziativer Zubringerdienste in Form der freien Einfälle, der Nachtträume während des gleichen Zeitraums (zu denen selbstverständlich auch assoziiert wird) und anderer »Einfälle« in Form bewußt gewordener Haltungen und Einsichten in Zusammenhänge des eigenen Lebens mit dem anderer, besonders natürlich mit dem der engen Bezugspersonen. So gesehen ist bildnerisches Gestalten vor und nach dem Oberstufentraining, wie es besonders Wallnöfer beschrieben und gepflegt hat, ein Mehrgewinn an weiterem Ausgangsmaterial, dessen Aussagen aber ebenso dechiffriert werden müssen wie die Oberstufenprodukte selbst und die Träume.

Ein tiefer Widerspruch durchzieht das Autogene Training durch seine ganze Idee und Geschichte und zeigt sich in vielen jetzt gebräuchlichen Varianten seiner Darbietung. Gelassenheit anstreben, Entspannung vermitteln und dennoch im analytisch-synthetischen Lernvorgang der sechs Unterstufen-Einstellungen oder häufig auch in schlecht formulierten Formelhaften Vorsätzen einen auf Können ausgerichteten Unterricht geben, ist kaum möglich. Um wieviel mehr impliziert das Stufenmodell der Oberstufe Leistungsvorstellungen, an denen selbst gut motivierte Patienten scheitern. Leistung als Ziel ist dem Wesen und der inneren Folgerichtigkeit des Autogenen Trainings unangemessen. Die Konsequenzen sind sichtbar: In der strengen Schule von Luthe und nach den höchst spezialisierten Ausbildungsrichtlinien der ICAT wird die Methodengenauigkeit repräsentiert. Aufgefächert finden sich auf dem anderen Flügel die Befürworter der verschiedensten Lehrpraktiken, die den Patienten mit vorgegebenen Bildern gängeln oder sonstwie heterosuggestiv beeinflussen.

In der Oberstufe hat nur genaueren Aussagewert, was dem Übenden spontan *einfällt*, nicht das, was *angestrebt* wird. Deshalb, und weil ich es so und nicht anders seit Jahren praktisch handhabe, begreife ich die Oberstufe des Autogenen Trainings als einen teils sukzessiv, teils simultan ablaufenden Verdichtungsprozeß des Erlebens. Aus mehreren disparaten, für sich didaktisch freilich isoliert darstellbaren Wahrnehmungsbereichen kann sich beim Geübten ein umfassender Prozeß bis zum Erleben der eigenen Person abspielen, als dessen Ergebnis tiefere Einsichten gewonnen werden. Im Gegensatz zum Stufenmodell der Oberstufe, die ein fortschreitendes »Höher« verlangt, ist die Oberstufe im Denkmodell der ineinandergreifenden Bereiche in Rosetten- oder Maulbeeranordnung ein Vorgang stets offenliegender Möglichkeiten eines »Mehr« und »Weiter«. Eine solche Bereicherung in irgendeiner Richtung oder irgendeine Aufeinanderfolge ist indes nicht vorgeschrieben. Die inhaltlich und kompositorisch verschiedenen Erlebnisbereiche stehen in einem dichten Zusammenhang, der fließende Übergänge anzeigt. Fließende Übergänge aber, und noch wichtiger das Überspringen von »Stufen«, sind empirische Erfahrungen, die entweder zur fallweisen Preisgabe der edukativen, graduellen Struktur anderer Lehrmeinungen zwingen, sozusagen zu einem methodischen Augenzudrücken, oder aber sie verlangen konsequent nach Beseitigung solcher lehrwidriger Unregelmäßigkeiten.

Bei den Anmerkungen zu Abbildung 1 habe ich darauf hingewiesen, daß die Zeichnung stark vereinfacht ist und eigentlich als dreidimensionales Diagramm gezeichnet werden müßte. Für die Abbildung 2 gilt, daß ein Schema dieser Art nur den statistisch nicht einmal häufigen Sonderfall völliger Symmetrie und Gleichheit aller Teile herausgreift. Um die Aussagekraft des Schemas zu steigern, müßten an die Stelle der zweidimensionalen Kreisflächen dreidimensionale Kugeln treten, deren jeweilige Größe von dem aktuellen Oberstufengeschehen einer bestimmten Person zu einer bestimmten Zeit abhängt. Was sich also in einer beliebigen Oberstufensitzung bei einem bestimmten Teilnehmer tatsächlich quantitativ und qualitativ abspielt, kann nur – in das anschauliche Diagramm gebracht – als eine Variante und damit auch als eine notwendige Disproportion zu dem dargestellten Durchschnittsschema gefunden werden.

Erst nach dieser Klärung der effektiven Nutzbarkeit von schematischen Darstellungen kann man den Versuch anstellen, das Diagramm der Abbildung 2 für die Verlaufsskizze eines Oberstufentrainings (Scoring) in der Weise, wie man Gruppensoziogramme zeichnet, heranzuziehen. Auf dem vorgedruckten »Maulbeerschema« lassen sich mit sparsamen graphischen Mitteln vor allem folgende Fakten markieren:

1. *Vorherrschender Erlebnisbereich* durch farbige starke Umrandung des betreffenden Kreises (oder zweier ineinandergreifender Kreise).
2. *Einstiegspforte in die Oberstufe* durch einen von außen hereinzielenden Pfeil im jeweiligen Kreis.
3. *Dynamik des Oberstufenablaufs* durch entsprechende Linienführung durch alle berührten Detailbereiche, auch mit Rückführungen, Wiederholungen.

4. *Unterbrechung der Oberstufe* (besonders durch Zurückgehen in die Unterstufe) durch einen aus der Linienführung herausweisenden Pfeil und bei anschließender Wiederaufnahme der Oberstufe durch Bogenführung zu einem neuen Eintrittspfeil an definierter Stelle. Die Wahl einiger immer in gleicher Weise verwandter Farben gestattet es, die Ursache der Unterbrechung festzustellen: Verstärkung durch wiederholte Unterstufe, Störung von außen, Störung aus dem eigenen Innern, z. B. sich Bahn brechende Emotionen und anderes mehr.

Mit einem solchen einfachen Hilfsmittel wird der Oberstufenverlauf »mitgeschnitten«, und es ist dabei ganz offenkundig, daß die Priorität des Formal-Dynamischen vor dem Inhaltlichen eine adäquate und ausreichende Signierung erhält. Inhalte können, soweit möglich und nötig, als Begleittext mit Verweisung auf die Signierstellen im Schema beigeheftet werden. Ein über Jahre sich hinziehendes vermehrtes Trainieren in der Oberstufe gewinnt durch die angeregte Protokollierung. Es muß nicht immer der Übungsleiter allein sein, der die Diagramme für die Übenden zeichnet. Manche können das sicher selbst nach Anleitung und mit gewisser Übung. Es gibt prinzipielle Gegner des Protokolls im Autogenen Training. Sie meinen, daß der persönliche Kontakt mit dem Patienten durch ein dazwischengestelltes Papier beeinträchtigt wird. Die Mehrheit der ernsthaft mit dem Autogenen Training Arbeitenden findet das Protokoll als eine auf Übereinkunft mit dem Patienten beruhende Gedächtnishilfe bezüglich der Details eines Trainings unentbehrlich. Da die emotional angstbesetzten oder sonstwie konfliktbesetzten Inhalte eines Trainings in der Unter- und Oberstufe leicht dem Vergessen anheimfallen, weil das Unbewußte solche Inhalte dem Bewußtsein fernzuhalten sucht, ist das Oberstufenprotokoll in eins zu sehen mit dem sehr nützlichen Brauch des Aufschreibens von Träumen, am besten mitten in der Nacht. Weil der Analytiker gewohnt ist, das Vergessen und das Nichtaufschreiben von Träumen als Aussagen eigener Art zu verstehen und daran den aktuellen Widerstand abzulesen, wird er in der Oberstufe keine anderen Erwartungen haben.

Das vorgelegte Denkmodell von ineinandergreifenden Bereichen mit einem alle sechs randständigen Bereiche zusammenfassenden und darüberhinaus inhaltlich eigenständigen Zentralbereich der Oberstufe ergibt, kurz zusammengefaßt, diese Alternative zum Schultz-Lutheschen Stufenschema: Es ist erstens möglich, die Oberstufe aktuell und von der jeweiligen Person unabhängig sowohl quantitativ als auch qualitativ gerundet und geschlossen zu üben. Es ist zweitens akzeptabel, Oberstufengeschehen in einem isolierten Bereich als Aussage ad hoc zu lesen und damit das Problem bruchstückhaften Oberstufentrainings aus der Diskussion zu schaffen. Mit dem radikalen Verzicht des Therapeuten auf theoretische oder edukativ-praktische Vorstellung und Benutzung von Stufenvorgängen ist die iatrogene Komponente im Leistungsdenken ausgeschaltet. Ein im Patienten vorhandenes leistungsorientiertes Verhalten ist damit auch gründlicher und überzeugender abzubauen nach der Grundauffassung, daß in der Oberstufe sich das Unbewußte des Übenden äußert. Diese Äußerungen können vom Übenden selbst nur dann wertfrei aufgenommen und assoziativ hinterfragt werden, wenn sie nicht von einem Aufbauregal heruntergeholt, sondern aus einem Gesamtbereich genommen werden, der überall »Ich« – also richtig ist.

Einzelunterricht und Einzeltherapie

Allen Überlegungen einer Indikation für die Oberstufe geht die technisch-didaktische Grundforderung voraus, daß die Unterstufe ganz angeeignet sein muß und seit wenigstens einem Jahr regelmäßig geübt wird. Wer die Oberstufe lernen will, muß eigene Erfahrungen mit formelhaften Vorsätzen gesammelt haben. Er muß in der Regel das Training in kürzester Zeit also prompt und ohne Lücken, einstellen und für die Dauer von wenigstens dreißig Minuten ausführen können.

Erst wenn diese Voraussetzungen gegeben sind, kann man darüber reden, ob die Oberstufe erlernt werden soll oder ob der Therapeut die Oberstufe anwenden will. Somit muß getrennt werden zwischen einer strikt therapeutischen Anwendung und einem Unterricht, der für manche als meditativer Umgang mit der eigenen Person angestrebt wird. Das Vorgehen ist kaum verschieden, abgesehen von Einzelheiten, die auf die seelische Problematik eines Patienten und besondere neurosenspezifische Gesichtspunkte Rücksicht nehmen. Die Auswahl der Bewerber für einen Unterricht in der Oberstufe und eigene Überlegungen, welchem Patienten eine Behandlung mit der Oberstufe empfohlen werden kann, treffe ich nach einem eingehenden Gespräch mit eigenen Unterstufen-Schülern gegen Ende des ersten Jahres. Interessierte, die allzu deutlich merken lassen, daß ihnen die Oberstufe eine Status- oder Leistungsfrage ist, werden gründlich beraten und gegebenenfalls abgelehnt. Manch einer war übrigens am Ende eines solchen vertraulichen Gesprächs sichtlich entlastet, daß er »sein Training« weiter fortsetzen kann und keines Aufbaues dazu bedarf.

Unter therapeutischen Gesichtspunkten empfehle ich eigenen Patienten die Oberstufe dann, wenn ihre funktionellen Beschwerden mit Hilfe der Unterstufe gebessert oder beseitigt wurden, unterdessen aber erkennbar geworden ist, was hinter den vorwiegend psychosomatischen Störungen noch verborgen war. Schon während des Unterstufentrainings finden deshalb einzelne Gespräche statt, aus denen sich dann ergibt, ob der Patient für die Oberstufe vorgemerkt werden kann. Die wichtigste Indikation für die therapeutische Oberstufe ist eine nachgewiesene funktionelle, also nicht organische Störung mit sogenannter neurotischer Hintergrundsproblematik. Die Neurose muß bei dem betreffenden Patienten nicht allein vorliegen, es können Bezugspersonen und ganze Familien daran beteiligt sein. Nur unser Patient ist in diesem Status oder wird von dem Partner dazu verdammt. Schlafstörungen und andere psychosomatische Störungen sind dann gegen das Autogene Training (das fleißig geübt wird!) widerstandsfähig. Warum? Sehr verwickelte Kommunikationsprobleme bringen den Patienten in der Familie in die Lage, immer wieder beweisen zu müssen, daß er doch leidend ist, und zugleich sich mit dem Alibi zu sichern, daß »er doch alles tut, um es zu bessern«. Das Autogene Training kann dann auch in den Dienst der aufrechterhaltenden Ambivalenz gestellt werden, selbstverständlich völlig unbewußt. Wenn in solchen Fällen nicht analytische Einzel-, Partner- oder Gruppentherapien in Frage kommen, was eine hier nicht zu diskutierende Angelegenheit ist, dann kann auch über die Oberstufe der Patient aus seinem Teufelskreis fleißiger Trainingsgewohnheit einerseits und sorgfältiger Neurosepflege andererseits herausgeholt werden. Diese praktisch sehr wichtigen Verhältnisse gelten besonders für die an Zahl zunehmenden Sexualneurosen, die ja fast immer eine Neurose zu zweien oder mehreren sind. Mit Hilfe der Oberstufe kann in bestimmten Fällen der Patient seine Unentschiedenheit und Zwiespältigkeit klären. Die Oberstufe erweist sich als weniger zeitaufwendiges Verfahren bei vielen psychosomatischen Störungen einer langen Analyse überlegen.

Außer den psychosomatischen Störungen mit Leidensdruck auf den wichtigsten Funktionsgebieten wie Herz-Kreislauf, Verdauungsorgane, Sexualstörungen und Störungen der Tag-Nacht-Rhythmik sehe ich psychoneurotische Störungen im Sinne von allgemeiner Hemmung, Kommunikationsstörungen und aktuelle Kommunikationskonflikte als erprobte Indikationen für die Oberstufe an.

Gegenanzeigen sind die gleichen wie bei der Unterstufe, also besonders akute und chronische Psychosen und deren Folgezustände. Bei vielen organischen Nervenleiden fehlt jeder therapeutisch-technische Bezugspunkt für die Oberstufe. Der so gern als Familienwappen vorgezeigte IQ (= Intelligenzquotient) besagt für sich nicht allzuviel. Größte Vorsicht ist seinetwegen am Platz, weil er eine Resultante ist, d. h. eine Summe unterm Strich. Intelligenz ist ein Bündel verschiedener Teilfunktionen. Für die Oberstufe interessiert uns nicht der Gesamt-IQ (es sei denn, er liegt katastrophal niedrig), sondern das Erscheinungsbild eines Menschen, der über alle wichtigen Bereiche seiner Person ansprechbar ist. Extreme Charaktere sind für die Oberstufe immer schwierig. Das kann paradoxerweise auch für Künstlernaturen zutreffen, wenn sie in Teilbereichen ihrer Persönlichkeitsstruktur wenig entwickelt und zugleich auch schwer zugänglich sind.

Wenn Anzeige und Gegenanzeige geklärt sind, bespreche ich mit dem Bewerber für einen Meditationsunterricht in der Oberstufe und mit dem Patienten, den ich mit der Oberstufe behandeln will, das Wesentliche über das Verfahren im Sinne der ausgeführten Gedanken. Hier gelange ich zur Motivationsprüfung und verabrede mich mit dem Patienten oder nicht.

Ich wende erst seit wenigen Jahren eine neue Behandlung auch in kleinen Gruppen an. Früher behandelte und unterrichtete ich grundsätzlich erst in Einzelsitzungen. Da Einzelstunden beiderseits eine Zeit- und Ökonomiefrage sind, treten solche mit zunehmender Arbeitsüberhäufung zurück. Ich reserviere solche Einzelstunden für Fälle, bei denen ich vieles abwäge. Darüber läßt sich allgemein keine Richtschnur aufzeigen.

Die Einzelstunden in der Oberstufe finden anfangs wöchentlich einmal, sehr bald in zweiwöchigen Abständen und je nach

Lage des Patienten dann auch in größeren Abständen statt. Meist kann ich solche Patienten ab dem zweiten Jahr in einer kleinen Gruppe zusammenfassen, soweit die kontrollierte Oberstufenarbeit so lange in therapeutischer Hinsicht angezeigt ist. Meditationsschüler, Personen also, die für sich privat weitertrainieren, besuchen mich in größeren Abständen. Es handelt sich dann um ausgesprochene Supervisionssitzungen.

Vor Beginn einer Oberstufen-Einzeltherapie mache ich eine Generalwiederholung der Unterstufe, wenn es sich nicht um eigene Schüler und Patienten handelt. Die Generalwiederholung erstreckt sich über zwei Wochen und rekapituliert die ganze Unterstufe mit Einschluß eines formelhaften Vorsatzes. Der Patient bzw. Schüler protokolliert sehr sorgfältig, und in mehreren Sitzungen wird die Unterstufe durchgesprochen. Großen Wert lege ich auf die Fähigkeit, bis zu 30 oder 45 Minuten im Training zu bleiben, ohne einzuschlafen oder in Gedanken abzuschweifen. Wie ein Übender das anstellt, habe ich in meinem ersten Buch ausführlich beschrieben. Die Kunst der prompten Einstellung in wenigen Minutenbruchteilen, des Kombinierens und Wiederholens und der besonderen Vertiefung einzelner Einstellungen – das alles wird noch einmal durchgenommen, bevor die eigentliche Oberstufentechnik einsetzt.

Hier muß angemerkt werden, daß in der Einzelstunde weder in der Unter- noch in der Oberstufe in meiner Gegenwart trainiert wird. Ich habe diese auch stumme heterosuggestive Beeinflussung des Patienten vermieden und ich möchte im Rückblick auf eine etwa fünfzehnjährige Praxis davon nicht abgehen. In der Gruppe bin ich anwesend, dies wird im nächsten Kapitel noch begründet.

In der letzten Wiederholungsstunde des Unterstufen-Trainings bekommt der Einzelpatient oder Schüler folgende nur wenig variable Instruktion:

»Die Unterstufe ist Ihnen also gut verfügbar, und wir können mit der Oberstufe beginnen. Trainieren Sie ab jetzt zu Hause bei ausreichender Zeitverfügung bis zu 30 oder 40 Minuten nach ihrem instinktiven Zeitgefühl. Weniger oder mehr als die angegebene Zeit ist ohne Belang. Achten Sie darauf, was Ihnen in der tiefen Umschaltung vor das innere Auge tritt. Bei vielen sind es Farbeindrücke, es kann aber auch etwas anderes sein. Was kommt, ist richtig, weil es aus Ihnen selbst aufsteigt. Machen Sie darüber einige Aufzeichnungen.«

In der auf diese Instruktion folgenden Stunde gibt es meist viel zu besprechen und zu klären. Bezeichnenderweise sagen manche Patienten beim Hereinkommen: »Sie werden enttäuscht sein, ich habe gar nichts gesehen.« Diese Lernenden oder Patienten, was am Anfang didaktisch keinen Unterschied ausmacht, möchten mir zeigen, daß sie »gut« sind, daß sie etwas zustandebringen, daß sie Erfolg hatten. Mit oder ohne Protokoll, mit vielen oder spärlichen Aufzeichnungen läßt sich die Stunde intensiv ausbauen. Geduldige Unterhaltung, Nachfragen nur nach technischen Dingen wie Zeitwahl, Übungsdauer, auftretenden äußerlichen Behinderungen usw. setzen einen Austausch in Gang, der vielerlei Wichtiges über erste Ansätze der Oberstufe zutage fördert. Es kann z. B. geklärt werden, daß flüchtige optische Erscheinungen, Blitze, Lichtflecke, Schatten, graue Schlieren »auch etwas sind«. Viel Zeit wird oftmals benötigt, um die frustrierte Erwartung des Patienten, daß mich diese Dinge inhaltlich wenig interessieren und ich nichts darüber sage, »was das alles bedeutet«, wieder abzubauen und ihnen deutlich zu machen, daß wir noch für geraume Zeit darauf ausgerichtet sind, Material zu sammeln und beim Patienten einen ersten Bestand an Erfahrung aufzubauen, »wie das geht und was so kommt«. Ich finde immer reichlich Gelegenheit, jeden Anfänger freundlich zu bestätigen und zu ermutigen, ohne daß ich seine Produktion, worin diese auch bestehen mag, hochstilisieren müßte. Denn wahrhaftig: Alles, was kommt, *ist* im wesentlichen etwas von dem Patienten über sich selbst. Ich lerne ihn besser kennen, und von Stunde zu Stunde komme ich dazu, ihm auch zunehmend mehr zu seinen Protokollen zu sagen, nicht ohne die Hauptarbeit auf geduldiges Hinterfragen und Anbieten von – vielleicht nur theoretischen –

Möglichkeiten einer Deutung des Geschauten zu verwenden.

In den ersten Wochen kann ich mich darauf beschränken, dem Patienten nachzufolgen. Ich meine das so: Wenn er beispielsweise irgendwelche Farben sah, dann bestätige ich alles als gekonnt, gelungen und völlig normal. Ich füge hinzu, daß natürlich immer wieder auch *Anderes* kommen kann. Bringt er nun das nächste Mal irgendwelche Figuren, Formen, Gegenstände, dann kann ich nachfassen und darauf hinweisen, daß wir ab jetzt auch mit immer wiederkehrenden Bildern solcher Art rechnen können. Aber zum Schluß erwähne ich, manchmal ganz nebenher, daß auch *Anderes* noch kommen kann. In dieser Weise geht mein Patient voran und ich folge. Er tritt seine eigene Spur, ich sichere ihn quasi wie eine Nachhut. So lernt der Patient, seinen Produktionen zu trauen und sie selbst wertfrei ernst zu nehmen; er kommt nicht so leicht auf den Gedanken, auf eine Weisung hin etwas an Leistung erbringen zu müssen.

Die rasch zunehmende Reichhaltigkeit der Oberstufenproduktion führt in die nächste Phase der Behandlung. Hier werden auffallende Inhalte durch genaueste Detailberichte plastisch gemacht und die kurze Unterhaltung kann etwa so verlaufen:

»Was Sie da gesehen haben, ist merkwürdig genug, nicht wahr, wahrscheinlich haben Sie schon eine Erklärung versucht?« Das wird bejaht mit der nicht selten resignierten Haltung dessen, der nichts versteht und hilflos ist. Die Aufgabe des Therapeuten besteht jetzt darin, dem Patienten zu helfen, daß er forschendes Fragen und marterndes Grübeln zugunsten einer offenen Fragehaltung, eines naiven Weiterschauens aufgibt und sich einübt in der auch außerhalb der Therapiestunde geltenden inneren Abfrage: »Was fällt mir dazu ein?«

Der Oberstufenpatient befindet sich zu dieser Zeit in der gleichen Lage wie ein Analysand während der psychoanalytischen Einzelbehandlung. Stutzig-Machen, über nichts einfach hinweggehen, Sich-aufmerksam-Machen auf Kleindetails, auf Widersprüche, auf Absurditäten im Oberstufenbild, das ohnehin häufig surrealistische, seltener naturalistische Züge trägt, nicht nach der Bedeutung fragen, viel eher nachdenklich einiges mit sich über Tage mittragen und notieren, wenn ungerufen dazu eine Erinnerung kommt. Zum Detail X im Protokoll Z kommt eine alte oder neue Erinnerung. Diese soll er als dazugefundenes Paßstück mitbringen – vielleicht bringt es neue Einsichten, vielleicht nicht. Die jeweilige Stunde muß nicht die letzte sein. Der Patient lernt in der Oberstufe nicht nur sehen, er lernt warten, im Warten gewinnen. Und selbstverständlich beachtet er seine Träume während der Therapiezeit mit der Oberstufe und bringt sie mit. Wir reden natürlich nie über alles, weil dazu mehr Zeit nötig wäre. Wir reden über das, was ihm, dem Patienten, wieder als erstes einfällt.

Der Kundige sieht: Es geht zu wie in einer analytischen Sitzung. Zwei Unterschiede fallen ihm jetzt nochmals auf, die schon weiter oben genannt waren. Wir haben weniger und seltener »Stunde« als in der Psychoanalyse, und wir verfügen über ein Blatt mehr im Spiel, nämlich die Oberstufenübungen des letzten Intervalls, zusätzlich also zum Traum und zu den Einfällen, die auch wir in der Oberstufe über alles stellen.

Und der Therapeut? Wann deutet er, wie oft, wie viel ist zu deuten? Die einfache Antwort lautet: noch seltener als in der psychoanalytischen Sitzung, im Zweifel besser nicht. Deutung ist nicht das Wichtigste. Über lange Zeit ist treues Mitgehen viel wichtiger, damit der Patient Zutrauen zu seinem eigenen Unbewußten bekommt. Hat er durch Erfahrung im Oberstufen-Training gelernt, sein Unbewußtes ganz real als vorhanden zu akzeptieren, dann geht ihm oft selbst ein Licht auf im Blick auf das, was zusammengenommen in der Oberstufe, vielleicht in einem Traum und in einigen Einfällen und Erinnerungen vor ihm ausgebreitet liegt. Das vielgerühmte »Aha«-Erlebnis braucht einen Boden, auf dem es aufkeimen kann. Der Therapeut soll solche Bodenbearbeitung unterstützen, statt dem Patienten eigene »Ahas« anzubieten oder gar aufzudrängen.

Über die zeitliche Begrenzung ist zu sagen, daß die Oberstufenstunde in Einzeltherapie wie eine Analysestunde mit 50 Minuten üblich ist. Die Zahl der Sitzungen kann man zu Beginn schwer abschätzen. Es ist gut, sich zunächst auf zehn Sitzungen zu verabreden und dann gemeinsam zu entscheiden, wie weiter verfahren werden soll. Eine Zahl von 50 Sitzungen erstreckt sich ohnehin schon erfahrungsgemäß auf rund zwei Jahre, manchmal bei größeren Abständen sogar mehr. Fast alle meiner ursprünglich als Einzelpatienten in der Oberstufe Behandelten kamen im weiteren Verlauf in eine Gruppe. Die Teilnahme in dieser Gruppe schwankt zeitlich stärker.

Noch kurz ist zu erwähnen, daß Patienten, die früher (aus welchen Gründen auch immer) eine Psychoanalyse absolviert haben, sehr geschickt mit Oberstufenarbeit umgehen. Ich erwähne das, ohne selbst Folgerungen allgemeiner Art zu ziehen, um daran zu erinnern, daß in der ausführlichen Vorbesprechung dieser Umstand bekannt werden muß. Selbstverständlich ist jeder Bewerber für die Oberstufe freundlich abzulehnen, der bei einem anderen Therapeuten in Analyse ist.

Oberstufenarbeit in der Gruppe

Die Vermittlung der Oberstufe unterliegt in der Gruppe den gleichen Grundsätzen wie in der Einzelunterrichtung oder Behandlung. Alles, was im vorausgegangenen Kapitel über die Voraussetzungen, Indikationen und die Gegenindikationen dargelegt worden ist, gilt sinngemäß auch für die Mitglieder einer Oberstufengruppe.

Oberstufenarbeit als analytische Technik in der Gruppe hat einige Besonderheiten, die einerseits die Grenze zu den Gruppentechniken anderer Autoren ziehen, andererseits meine Oberstufenpraxis in Einzeltherapie modifizieren.

Allgemeine und besondere analytische Gruppengesetze sind maßgebend für die Gestaltung meiner Gruppenarbeit. Da diese Fragen spezielle Kenntnisse in Gruppentherapie allgemein und in Gruppendynamik voraussetzen, möchte ich auf eine Veröffentlichung* verweisen, die auch die einschlägige Literatur aufführt.

Meine Oberstufengruppen sind sehr klein, im Höchstfall sechs bis acht Teilnehmer umfassend. Jede Gruppe beginnt als geschlossene Gruppe, nimmt aber später neue Mitglieder auf. In Spätverläufen empfiehlt es sich, die restlichen Mitglieder von zwei oder drei geschrumpften Gruppen neu zusammenzufassen, weil diese lang fortgesetzte Arbeit ohnehin eine sehr spezifische Note bekommt. In Therapiegruppen ist nur dabei zu berücksichtigen, daß eine gewisse Homogenität nicht gestört wird. Patienten mit größerem Symptomdruck hatte ich in lang fortgesetzten Gruppen nicht. Solche Patienten kamen nicht frühzeitig

---

* Rosa, K. R.: »Gruppentherapie mit dem Autogenen Training unter besonderer Berücksichtigung der formelhaften Vorsatzbildungen und der Oberstufenarbeit«, in: *Schlesw.-Holst. Ärzteblatt* Heft 10/1973.

in die Oberstufe, sondern in reguläre psychoanalytische Einzel-
oder Gruppentherapie.

Es ist angebracht, sich in diesem Zusammenhang die Zahlen-
verhältnisse für die Oberstufenarbeit vorzustellen. Patienten mit
größeren Beschwerden oder mit einer deutlich dominierenden
Neurose kommen nicht in das AT und demzufolge auch nie in
die Oberstufe. Patienten, die funktionelle Beschwerden haben,
konnten durch die Unterstufe gebessert werden und machen im
Höchstfall zwanzig Sitzungen in der Oberstufe mit, entweder
einzeln oder in Gruppen. Somit finden sich in Gruppen mit lan-
gem Verlauf vorwiegend die Personen, die ohne schwere Symptome und an einer inneren Schau ihrer selbst interessiert sind
und gewisse persönliche Schwierigkeiten in partnerschaftlichen
oder beruflichen Fragen langfristig bearbeiten. Die Gruppenarbeit in diesem Stadium steht sowohl zwischen Therapie- und
Lehrgruppe als auch zwischen Langstreckenanalyse und einer
Oberstufe nach meiner methodischen Auffassung.

Die Gruppenstunde ist eine Doppelstunde von ungefähr ein-
hundert Minuten. Zu Beginn haben die Teilnehmer die Möglichkeit, Nachträge zur letzten Stunde zu machen. Dann beginnt sofort ein gemeinsames Gruppentraining von vierzig bis fünfzig
Minuten ausnahmslos im Liegen auf dem Boden meines Thera-
pieraumes. Decken stehen zur Verfügung; manche liegen ohne
weiteres Requisit auf dem Teppichboden. Die meisten halten die
Zeit durch und »erwachen« spontan mit der Kopfuhr, die letzten
werden leise geweckt mit dem bekannten und vertrauten Hinweis des Therapeuten: »Es ist Zeit«. Die gründliche Zurück-
nahme, wie in meinem ersten Buch über das AT ausführlich beschrieben, wird überwacht und behutsam zur Wiederholung
empfohlen, wenn sie auffallend flach gewesen ist.

Reihum berichten die Teilnehmer das eben durchlebte
Oberstufengeschehen. Die Gruppenkohäsion ist nach wenigen
Sitzungen so gut, daß in der Gruppe der Bericht jedes einzelnen
mitverfolgt und beachtet wird.

Deutungen gebe ich nur noch ausnahmsweise, hingegen fast

jedem Teilnehmer Hinweise auf Details im Tone der abwägenden Infragestellung: »Könnten wir da . . . meinen Sie nicht, daß das für Sie ein Hinweis sein könnte . . . ob Ihnen wohl zu diesem noch etwas einfallen könnte?« Bestätigungen für eigene Deutungsarbeit, soweit sie abgesichert genug ist, Hilfe für Einbeziehungen geäußerter Inhalte in andere schon bekannte Zusammenhänge und Stützungen differenzierter Art gebe ich jetzt reichlicher. In besonderen Fällen vereinbare ich mit dem betreffenden Teilnehmer eine Einzelstunde. Die Gruppe vermerkt das stets positiv. Das Gruppen-Ich stärkt sich an dieser im konkreten Fall Tatsache werdenden Rückversicherung. Der Einzelne kann damit rechnen, daß er in gleicher Lage ebenfalls eine Einzelstunde bekommt.

In seltenen Fällen muß der Therapeut sehr geschickt und ohne zu verletzen intervenieren, wenn ein Teilnehmer sich den anderen vornehmen und ihn analysieren möchte. Was aber sehr fruchtbar in der Gruppenarbeit ist, sind bestätigende Beiträge anderer Teilnehmer an den jeweiligen Sprecher, wodurch die Kohäsion weiter befestigt und die Interaktion belebt wird.

Da der Hauptteil der Gruppensitzung im gemeinsamen Training zugebracht wird, ist die Interaktion verbal sehr viel geringer als in analytischen Therapie- oder Selbsterfahrungsgruppen, dafür aber auf der Gefühlsebene stärker. Die Gruppenteilnehmer verstehen sich als eine Einheit im Blick auf das gemeinsame Training. Durchweg wird der Verstärkungseffekt der Gruppe auf die Qualität des Trainings hervorgehoben. Es ist richtig, in dieser Hinsicht von der analytischen Oberstufengruppe als einer themenzentrierten Gruppe zu sprechen. Der Kontakt der Gruppenmitglieder im Intervall zwischen den Sitzungen, wie er in analytischen Gruppen oft zum Mittel des Agierens im Widerstand wird, scheint in Oberstufengruppen weniger wichtig zu sein.

Ich schließe diese Ausführungen über Gruppenarbeit in der Oberstufe mit einem Bekenntnis. Es gibt nicht sehr viel, was ich noch einmal genauso tun würde, wenn ich noch einmal die letzten zwanzig Jahre neu zu leben hätte. Das Autogene Training würde ich aber ganz bestimmt wieder lernen, und ich würde mich eher noch intensiver mit der Oberstufe befassen.

Karl Robert Rosa

Das ist Autogenes Training

144 Seiten, Paperback

In diesem ersten Band behandelt der
Autor grundlegend die Frage: Was ist
Autogenes Training? Dr. Rosa, ein
Schüler von J. H. Schultz, dem Begründer des Autogenen Trainings, gibt hier
eine leicht verständliche Darstellung,
ohne ein Lehrbuch zu schreiben.
Er zeigt, daß Autogenes Training eine
Alltags- und Lebenshilfe von größt-
möglicher Effektivität ist, die jeder
lernen kann und jeder lernen sollte.
Sie erweist sich als ein erprobter Weg,
dem Leistungsdruck und den Norm-
zwängen unserer Zeit zu entrinnen.

Kindler Verlag

KINDLER TASCHENBÜCHER
GEIST UND PSYCHE

In GEIST UND PSYCHE erscheinen die Schriften namhafter Psychologen, Psychoanalytiker und Pädagogen.

● **Neuerscheinungen / Neuauflagen**
(Änderungen der Bandumfänge vorbehalten)

(1) Einfachband, (2) Zweifachband, (3) Dreifachband, (4) Vierfachband,
(5) Fünffachband, (6) Sechsfachband, (7) Siebenfachband, (8) Achtfachband